怎样管，员工才肯听 怎样带，员工才肯干

魏兴军◎著

天津出版传媒集团

天津科学技术出版社

图书在版编目（CIP）数据

怎样管，员工才肯听　怎样带，员工才肯干 / 魏兴军著. -- 天津 : 天津科学技术出版社, 2018.10

ISBN 978-7-5576-5796-3

Ⅰ. ①怎… Ⅱ. ①魏… Ⅲ. ①企业管理－人事管理 Ⅳ. ①F272.92

中国版本图书馆CIP数据核字(2018)第251636号

怎样管，员工才肯听　怎样带，员工才肯干

ZENYANGGUAN YUANGONGCAIKENTING ZENYANGDAI YUANGONGCAIKENGAN

责任编辑：方　艳

出　　版：天津出版传媒集团
天津科学技术出版社

地　　址：天津市西康路35号

邮　　编：300051

电　　话：（022）23332695

网　　址：www.tjkjcbs.com.cn

发　　行：新华书店经销

印　　刷：大厂回族自治县彩虹印刷有限公司

开本 880×1230　1/32　印张7　字数 121 000

2018年10月第1版第1次印刷

定价：42.00元

前言

PREFACE

企业管理就是一门管人的艺术

在知识经济时代，知识浩如繁星，市场瞬息万变，所以，谁能更快更好地学习，谁就更有竞争力，更能脱颖而出，对于企业管理者、领导者来说更是如此。但是，一个让人堪忧的现状是：管理者不计其数，真正的领导者却少之又少，优秀的领导者更是凤毛麟角。

问题出在哪里?

哈佛商学院教授约翰·科特一语道破："管理者试图控制事物，甚至控制人，但领导者却努力解放人才与能量。"

美国社会学家彼得·布莱也认为："管理者的有效性和稳定性都取决于下级的赞同。不被赞同的领导，其合法性已经遭到怀疑，更不要说什么号召力了。"

归根结底，现代管理学主张以人为本，管理就是一门与人相关的艺术。领导艺术的精髓，就是于无形中，将人力引到工作秩序所要求的方向上。

要做好领导，首先要认清自己的角色，切勿把管理工作干成了事无巨细的亲力亲为，甚至干成了越俎代庖式的干预，应当给员工以自由，让他们放手在自己的岗位上施展。

领导应把以身作则当作对自己的一个基本要求。因为人人都需要榜样，特别是在自己管辖之内的员工，一个诚信、克制、勇敢的领导，才是他们争相跟随的榜样。

领导应注意沟通，多个不同意见能够得到畅快表达是企业文化和谐的表现。一个可以自由表达的公司，必然是充满朝气与热情的。

领导用人的妙处在于扬其长避其短，要多表扬、鼓励员工，少批评、苛责员工，对员工犯的错误应该报以宽容的态度。

要打造优秀的团队，就必须建立良好的规章制度。企业制度的第一服务对象是组织的共同目标，其次才是组织内的所有成员。领导在制订晋升、薪酬、考核等制度时，应该做到公开、透明、灵活而人性化。

人本管理中的关键是人才管理，因为人才决定公司发展的动力和方向。领导需要求才若渴，并持续、定期地对员工进行培训，帮他们规划职业生涯，找到发展方向。企业不但要敦促员工加强学习，更要打造学习型组织，使员工形成终生学习的观念，并从思想层面塑造员工，培养他们的竞争意识、团队意识、责任意识以及感恩之心。

综上种种，能否把员工视为最重要的资产并重视每一位员工，才是企业管理成败的关键。只有做到这一点，才能依靠员工创造出非凡的业绩，这也是贯穿全书的宗旨。

希望本书能为广大企业管理者、领导者答疑解惑，对管理这门高深的艺术有所感悟，在实际的工作中学以致用，离卓越和成功更近一步！

目录

CONTENTS

第十章→营造轻松健康的工作环境

第十一章→建立并维持良好的体制

第十二章→借企业文化凝聚员工

第一章

从不管开始

以人为本，化有形管理为无形领导

在多人汇聚一堂的场合，员工们经常称上面管着自己的人为“领导”。在这“管”与“领导”之间，其实大有学问。

1903年，亨利·福特创立了福特汽车公司。1908年，福特公司自产的T型汽车问世并进入汽车市场。在美国，这种车型赢得了1909—1913年的多项汽车比赛，福特汽车和福特本人都因此声名远扬，福特的事业当然也日益扩大。

同行是冤家，有些人出于嫉妒而诬告福特。有一次，福特受到法官带有偏见的审问：“尊敬的福特先生，我们知道您的公司很成功，但我始终没有弄明白一个问题，您的福特T型车总共使用了多少个车锭？”这是一个技术问题，就算回答的车锭数量过多或过少，那也不足以成为控告T型车质量有问题的理由。福特既没有惊讶，也没有生气，稍加思索后回答道：“法官先生，我确实不知道车锭的具体数量，但我可以清楚地告诉您在我的公司中谁应该知道这个问题的答案。”

身为一厂之长的福特，知道自己没有必要知道这个问题的答案，才会有那样从容的应答。这件事已经过去一百多年，但时至今日，福特的智慧仍没有得到普及，还是有不少企业的领导者常有自己焦头烂额，业绩不涨反落的苦恼。所以现在存在一个让人堪忧的现状：管理者不计其数，而真正的领导者却少之又少，优秀的领导者更是凤毛麟角。

问题出现的原因有很多，但对领导者自身而言，其实是他们没有扮演好自己的角色。许多领导过多地做了管理者的工作。详细说来，这样的领导者一是没有分清领导者和管理者的角色，二是把管理工作干成了事无巨细的亲力亲为，甚至干成了越俎代庖式的干预。

管理与领导不是一回事。按照《现代汉语词典》（第7版）的解释，管理是“负责某项工作使顺利进行”，是整合人力、物力资源达到某个目标的过程；领导是“率领并引导”，是发挥自己的影响力激发员工兴趣、潜能以达到某个组织目标的过程。领导和管理都涉及“目标”这个关键词，但相比之下，管理的目标是具体的、日常性的、非决策性的，而领导的目标是方向性的和决策性的，更多针对的是员工而非目标本身。

管理侧重的是技术和手段，过程和方法；领导侧重的是人文和目的。管理更具可操作性，领导更有全局视角和艺术性。领导者的工作往往是无形的，而纯粹管理者的工作是具体的、情境性的。员工的尊严、价值、潜能和发展，都属于领导视野，领导是以人为本的；员工的努力程度、资源的利用率则是管理者的关注点，管理是以物质为中心的。

领导者一定是管理者，但管理者未必是领导者，因为领导这门艺术不是每个管理者都能掌握的。哈佛商学院教授约翰·科特曾一语道破管理者与领导者的差别："管理者试图控制事物，甚至控制人，但领导者却努力解放人才与能量。"这个说法具有更深刻的理解，几乎把管理与领导两种工作看成是互相对立的了。不错，一位管理者如果只想做好人力和物力的管理，很可能会适得其反，赔了夫人又折兵。

解放人才和能量的领导，才是真正的领导者；只控制、安排人力与资源的管理者，不妨称其为纯粹管理者。纯粹管理中第一个常见的表现是对员工与物质的控制，第二个常见的表现是装模作样。通用电气史上最年轻的CEO杰克·韦尔奇说："一些部门经理把管理等同于高深复杂的行为，认为管理是最体现智慧的说法……而我不喜欢'管理'一词所带的特征——控制、抑制人们。"以今天的眼光，也就是从以人为本的立场和主张来看，无论是故作高深还是指手画脚，都是领导者失败的管理方式。

没有人愿意被管理，优秀的人才更不愿意。然而，没有管理就没有秩序，没有秩序，生产经营活动就无法继续。解决这一矛盾的办法就是在无形中管理。无形的管理就是领导，即把人力引到工作秩序所要求的方向上。

有的管理者可能会问："人员管理可以无形化，物质资源的管理也可以无形化吗？"答案是同样可以。所有生产活动都是由基层员工操作工具、消耗材料实现的，工具和材料应该由他们而不是由他们的上级来保管和安排使用。也就是说，物力管理者就是基层员工，一旦涉及人力管理，这位管理者就应该转变工作重心，由此走上真正的领导之路。这也体现了以人为本的现代管理学主张。

总之，领导者应该管的是员工，核心管理理念应是以人为本，工作重点应是无形的率领与引导，而不是生硬的指使与安排。

给员工一个自由空间

员工的工作潜能因其性格不同有不同的激发方式：一种员工是在有压力的环境下才能发挥出自己的积极性和创造性；另一种员工与上司相处时会紧张，上司离开后才能全身心投入工作并轻松高效地完成工作，所以他们需要自由的环境。

某电脑公司的业务经理陈先生做事素来仔细周到，他手下有不少勤勤恳恳的员工，但他不管有什么工作安排都亲自下指令，对员工的工作成果也要一一验收。公司大会上，他的下属曾经当众反映了这个问题，并表达了不愉快的工作感受。陈经理当面向其致歉，并承诺尽量去改，但散会后，他私下找到总经理说："我之所以事无巨细，是因为他们做事没有效率。"

一次，陈经理因公到日本出差10天，出差过程中，他一直在担心手下的人会把业务搞砸，于是不定时向下属索要工作进程的报告。他惊奇地发现，下属不但没有耽误正常工作，反而比他在的时候更有成效。原本他向总经理要求缩短出差时间，现在，他决定延长行程。听到这个消息，他手下的员工都很兴奋，工作热情和效率变得更高了。

当人具有成熟的心智和行动力，也就是能够独立生存以后，他会有两个基本需求：一个是一定的生存空间，另一个是一定的行动自由。前者保证他的活动不受约束，是实际的物理空间；后者保证他的行为出自个人的真实意愿，是无形的心理空间。所以，两者可以合称为“自由空间”。

领导要给员工一个自由空间，实际操作起来可以像上述事例中的陈先生一样，暂时离开他们一段时间。领导则可以利用这个空当验证“他们工作没有效率”“我不在他们肯定偷懒”“他们工作很马虎”之类的猜测是否属实。

对员工来讲，这更是一个证明自己和提高自我的机会。因为领导给予自由空间让他们放手去做，是对他们莫大的信任，这一点尤其适用于新人。对大多数人来说，被信任是一种动力。一般来说，被信任的员工会产生两种心理：一种是“我要证明领导对我的信任是正确的”，另一种是“既然让我放手去做，那么犯错的责任自然也要由我承担”。前者是纯粹的动力，能够激发员工的积极性和创造性；后者是员工自觉施加给自己的压力，这种压力能够自然地转化为动力。有了这两种心理，员工在完成上级交办的工作任务时会更加努力，做决定时会比在领导指导的情况下更加谨慎。

所以，放手让员工去做，本身也是一个培养人才的过程。没有人是天生的人才，每一位领导也都是经过无数次试错后才成为领导的。相反，如果不给予员工自由，久而久之他们就会心生埋怨，或者泯灭了最初入职时的雄心壮志并开始偷懒，或者终于忍无可忍选择跳槽。

以公司的视角来考虑，放手让员工工作意味着责权的明确划分，意味着管理层次的清晰化。公司存在的意义就在于以组织的形式完成一个人不可能完成的事业，也就是分工合作。为了合作事业，谁来领导，谁来执行，什么人做什么事，这些必须要明确，而且最好不要互相插手。对管理者来说，管理层次清晰和责权划分明确后，他才能从日常琐碎的事务中解脱出来，才有时间去思考公司文化、企业发展等更重要的事。

不肯放手让属下施展才干的领导，不是不知道放手的好处，只是害怕放手的危险性。比如：放手后会缺少对工作细节的掌握，细节越少，对工作进展的控制越弱；过多让员工或属下亲自去做，自己就会有被架空甚至被顶替的危险；等等。这些担心都是人之常情，但可以克服。领导害怕缺少控制可以让员工定期汇报；高级职位是给德才兼备者准备的，担心被超越就应该提升自己。

总之，给员工以自由，让他们放手在自己的岗位上施展才能，这是对员工起码的尊重，也是一个领导者应有的胸怀。

精准定位自己的领导阶段

“天助自助者”“道不远人，人自远之”“要关爱他人，先关爱自己”，这些格言的共通之处是：人渴望得到或希望施加于别人的东西，自己先要满足一定的条件。这个道理也适用于领导对员工的管理，那就是要管人，得先管好自己。

管好自己的前提是认清自己，认清自己的办法是把自己与同类人进行对比。对领导者来说，同类对比就是看看别的企业领导是怎样做的。如今有人已经对领导者做了系统阐述，形成了较成熟的管理学经验，这对茫然不知的领导是一条捷径。他们只需把自己放进这样的系统中，就能看清自己处于怎样的位置，找准将来工作的起点和依据。

从一个优秀的员工到成为一个成功的领导者，或者从一个平庸的领导者到成为卓越的领导者，一般要经过以下四个阶段的修炼。

第一阶段，先做事，后做人。因为当今是一个唯才是举的时代，人们会由衷地佩服和服从才能超出自己的人，而才能要通过做事展现出来。“后做人”中的“做人”不是指以较高的道德标准来约束自己，而是指处理自己与同事的关系。孔子说“学而优则仕”，套用在这一阶段就是“本职工作优则利用多余精力从事管理”。

第二阶段，人和事同时做。这是一个关键阶段，因为在这个阶段的员工有机会升职，但由于还没有升迁，说得太多、管得太多很可能会不进反退。建议不要放下本职工作，甚至应该像第一阶段一样以本职工作为主。如果本身已经是管理者，这个阶段是个人影响力提升的关键，由于管理能力不足，还是应该在具体的事务和低级管理中摸索、总结经验。

第三阶段，多做人，少做事。第三阶段是正式成为管理者或成为高级管理者的阶段。管理者要把以前所做的事务更多地交给员工或下属，自己则更多地从事指导、培养、纠正的工作。

第四阶段，只做人，不做事。到了这一阶段，管理者才真正成为领导者。领导者在这个阶段可以只负责管理人事关系，以及公司制度的维护、公司文化的创建。这个阶段要求领导者在行为上有全局观，且具有相当高的个人魅力和领导力。

企业领导通过对比自己日常做人与做事的比例，即可定位自己是哪个阶段的领导，同时找到自己的努力方向。

第二章

高标准要求自己

做员工的好榜样

孔子说："其身正，不令而行；其身不正，虽令不从。"这句话对企业管理者的教育意义是：以身作则的管理者能够赢得员工由衷的崇敬。

日本石川岛芝浦公司的总经理土光敏夫就是以身作则的一个典型，他曾说："主管要比员工付出加倍的努力和心血，以身示范，激励士气。"

土光敏夫曾在1965年出任东芝电器总经理，当时的东芝公司人才济济，但同时也存在组织太庞大、管理不善、绩效低落的问题。土光敏夫上任之后，立刻提出了一个改进方案：公司全体上下都要比以前更加努力地动脑子。一般员工要比以前多用三倍，董事要十倍，至于他对自己的要求，则比前两者的要求更高。每天早晨，土光敏夫都会提前半小时到岗。上午七点半至八点半的一小时，他会抽出来专门与员工一起开动脑筋，共同讨论公司的问题。

土光敏夫还要求所有职员杜绝浪费。一次，他与一位董事一起参观一艘名叫“出光丸”的巨型油轮。两个人事前约好，有过九次参观经验的土光敏夫为这位董事带路，约定的会合地点是“樱木町”车站的门口。土光敏夫准时到达，董事迟到了一会儿。董事为自己的迟到致歉后，以为土光敏夫像他一样是坐公司的车来的，于是提议两个人同坐一辆车前往参观地点。土光敏夫却说他没有乘公司的轿车，并建议两人都去搭电车。这位董事当场愣住了，羞愧得无地自容。很快，整个公司都知道了这件事，所有职员都不敢再随意挥霍公司的物品了。

由于土光敏夫在各个方面甚至微不足道的细节都注重以身作则，引导员工改掉坏毛病，所以东芝的经营情况逐渐得到好转。

企业领导应把以身作则当作对自己的一个基本要求。因为人人都需要榜样，特别是自己管辖之内的员工。企业在激烈的竞争中面临危险时，员工心里会充满忧虑，管理者此时若能表现得沉着而坚定，员工的心也会跟着安定一些。相反，优柔寡断的领导会让员工觉得他跟自己没有什么差别，尽管嘴上还说着恭顺的话，但心里的尊敬会大打折扣。公司的宏伟目标需要所有成员共同努力来实现，但如果管理者都不兢兢业业、全力以赴，还有什么资格要求员工不遗余力呢？公司的规章制度需要全体遵守，但如果老板都不率先垂范，凭什么让员工严格遵守？

日本本田技研工业株式会社的创始人本田宗一郎，也是一位以身作则的好领导。

有一次，本田宗一郎和同事藤泽武夫在滨松一家餐厅里与一位外商谈生意。席间外商在上厕所时，把假牙掉到厕所里了，回来之后跟他们说了这件事。本田不想让这位生意伙伴的日本之旅最后是失望而归，当即跑到厕所准备打捞。当时的厕所是坑位加粪池式的，但本田还是脱掉衣服跳下粪池，终于找到了客户的假牙。即使反复冲洗，一般人还是会担心不干净，于是，本田又做了严格的消毒处理。为了消除客户的顾虑，本田把假牙先放进了自己的嘴里。此举感动了外商，双方的生意终于谈成。而目睹了这一过程的藤泽武夫更是从此坚信本田是一个值得终生合作的伙伴。

本田的故事生动地讲述了言传不如身教的道理。要求别人做到的事，自己要有足够的威信才行。其实威信不是唯一法宝，像本田这样以身作则更有效。行动是无声的教诲，虽然无声，却比一切强制手段都更有力！

榜样不但是员工的心理必需品，更是激发员工才能的兴奋剂。由于没有经验、怕出错、怕丢人等原因，员工会对某些事情形成心理壁垒，但当领导把这些事做出来以后，员工便会有一种“原来这是可以的”“原来还可以这样做”的恍然大悟感，并自发打破壁垒去尝试。而且，由于这些尝试是才能长期积压地释放，所以它们很可能是创造性的，至少是高效率的。

做一个求真务实的领导

一个人管理的人越多，越容易产生高人一等的感觉，越容易脱离实际搞花里胡哨的东西。本想用浮华做作的行为彰显自己的地位，可惜，其结果极可能是失去自己的地位。这首先是因为在人们内心深处讨厌浮华做作，其次，讲究排场和虚名的做法意味着资源浪费，更高层的管理者必定要惩罚做出这种行为的人。所以，企业领导者要坚决摒弃虚荣与幻想，做一个求真务实的人。

求真务实的品行要分开来看：一是求真，二是务实。真是真实，与假相对，求真就不能做虚假的事；实是实际，与虚相对，务实就不能只注重表面。

一个领导上报虚假数据和情况，帮下属隐瞒错误，这些弄虚作假的行为不但说明其个人品质有问题，还可能会给公司造成相当大的损失。因为虚假的信息也可能会成为高层领导做出决策的依据。如果领导的虚假行为被员工知道，很可能会被员工打心底瞧不起，尽管员工的这种态度也许不会表露出来。所以，作为领导者，无论是对员工还是对上级，都要求真。

王守仁的《传习录》中写道："名与实对，务实之心重一分，则务名之心轻一分。"这里面的"名"指的是虚浮于表面、无关根本的东西。以下事例能够说明什么是无关根本。

1992年，史玉柱决定建造自己公司名下的巨人大厦，可供使用的流动资金只有几百万，所以他计划盖38层。施工期间，一位领导来视察，觉得巨人大厦的位置很好，建议盖得更高一点。于是，史玉柱决定更改计划盖54层。没过多久，传出广州欲盖全中国最高楼的消息，有人建议史玉柱为珠海争光，把巨人大厦盖到64层。1994年初，又一位领导前来视察，觉得64这个数字不吉利，建议盖到70层。

以上几人都在按照自己的想法提建议，但却没有问问史玉柱最初的预算是多少，增加楼层是否会出现什么其他问题，楼基能够承受多少层的压力。他们都忽略了，一个项目的根本是它的目标和执行步骤，位置好坏、层数是否吉利这些因素根本不能决定一栋楼能够盖多少层。

有的领导会把位置好坏、当地人的光荣看成是一个项目的附加值，并以此理由去抓相应的表面工作。附加值的名字已经道明自身的存在条件：只有某个实际的、根本的东西出现之后，它才能够附加上去。有实际就有表面，但问题在于有些表面只是表面，与实际的东西毫无关联。那些关乎实际的表面工作，的确有必要去做，但一定要以实际的工作为前提，否则就是猴子捞月——一场徒劳。也就是说，如果非要从事某种表面化的工作，必须先确定并完成它赖以存在的基础。

务实的人往往是沉默寡言埋头做事的，做实事的人总有一天会感动人。成语“桃李不言，下自成蹊”说的正是这个道理。事实最有说服力，行动最有感召力，事实是行动的结果。所以，领导要做到务实，也可以向“桃李”学习，少说话多做事。

知行合一也是求真务实的表现。以公司的制度为例，写在纸上的制度若不落实到每个职员身上，还不如不制定；只让员工将制度背得滚瓜烂熟却继续允许他们行为放纵，就是知行不一；同样地，领导自己知道某个道理却不实行，还在员工面前夸夸其谈，是对那个道理的漠视与侮辱。

能够管理情绪的人，才能领导他人

情绪分为正面情绪和负面情绪，比如愉快是正面情绪，愤怒是负面情绪。能够管理自己情绪的人，才有能力领导他人。

林肯任美国总统期间，陆军部长斯坦顿向他怒述一位少将对自己的越级嘲讽，林肯建议他写一封信给那位少将，信的内容要刻薄一些，言辞粗鲁一些也可以。斯坦顿立刻拟好了信，拿给林肯看，林肯大赞其写得好。斯坦顿把信叠好，装进信封里，决定寄给那个人，林肯却制止了他。林肯说："不能寄出去！快把它扔到炉子里去，我每次生气时都是这么做的。信写得好，你的怒火也就发泄出来了。"

类似的例子还有很多，比如林则徐为了控制自己的急脾气在书房挂上写着"制怒"的条幅。愤怒的后果首先是指向生气者自己。因为丧失理智的人会不顾一切发泄心中的怒火，致使判断出错，后果是目标失败。这也是兵法中总是强调激怒敌人的原因。

详细说来，发怒有四大危害：一是损害个人形象；二是恶化人际关系；三是耽误需要处理的事情；四是伤肝，也就是伤害发怒者的身体。不能控制自己的情绪，会给人一种不成熟的感觉，自然也容易因此失去威信。相反，能够控制自己的情绪会让人觉得沉稳可靠。领导的负面情绪还会影响其对员工工作的评价，从而结怨于人。事实上，当员工看到领导情绪糟糕时，一般不会接近，所以有可能因此耽误工作进度。

鉴于这些危害，企业领导必须控制自己的情绪。

有不良情绪时，从1到10默念一遍，不够用就念到20、30，以至无穷。只要不发怒，其他方式也可以，比如到户外活动5分钟。当然，也可以多种方法结合使用。

与员工有分歧发生争论在所难免，但一定要防止争论变成争吵。这就要求领导者首先管住自己，不用领导的威权来压人，因为以权压人是员工抱怨的开始。

当你意识到自己怒火中烧再有意克制时，其实已经滞后了。万一控制不住，岂不是同样会酿成大错？何况有些脾气暴躁的人经常意识不到自己的怒火。所以，调控自己的情绪，还是要注重平时的训练。

控制好自己的情绪，需要平时就保持积极的心态。就是说，事物固然有好的方面也有坏的方面，但应该时刻看到好的方面，这样才会有良好的心境和行为。坏心态同样会表现在行为上，由此可能波及无辜的人。即便没有殃及无辜，被你批评的员工也会从此疏远你，因为他认定你是一个易怒的人。可以说，管理者的情绪已经不属于自己了，因为地位越高，其情绪的影响范围越大。

负面情绪也可以被我们利用。比如，批评某些屡教不改的员工时，可以让他明显看到自己话语里的气愤。但同时还不可真的失去对情绪的控制，因为那样可能会让人做出无法挽回的事。

从遏制情绪到主动利用情绪，这其实是从低级课堂进步到了高级课堂。

获得这种进步的一个重要原因是“学习”。比如，当我们辩论不过别人而大喊大叫或干瞪眼的时候，与其说是情绪失控，不如说自己的知识储备有限。所以，我们应该增长自己的知识和见闻。知识领域越广，听过见过的越多，情绪控制能力就越强。

原理是这样的：我们把头脑里积累的一条条的学问或见识称为“学识”，它们起初没有多大关联，但随着量的增加，它们之间的逻辑关系就会增强，最后，所有的学识形成了一个有条理的知识体系。这样在我们无论面对怎样的争论或狡辩时，都能即时调用体系中相关的学识，而从不会出现情绪失控的情况。“无理狡辩三分”的关键字是“理”，相反，有了“理”就无须狡辩。这个“理”就是头脑中学识之间的逻辑关系，就是学问点之间的线。比如，互为根据、事实支持、有力反驳等关系。“学识”和“理”积累得多了，“理”会在我们与人争论时如行云流水一般调用相关“学识”。这种调用是“理”自发的过程，掌握这些“理”，只需不断学习、积累常识。

勇于认错，敢于承担责任

“责任”两个字应该拆成“责”和“任”分别理解。“责”指的是任务失败后来自领导的责问或指责，“任”是肩负的任务或使命。人们平常所说的“责任”，有时是“责”的含义，有时是“任”的含义，有时是两者兼而有之。这里主要说的是“责”的含义，即应当承认的错误和应当接受的惩罚。

按问责关系的正当性，责任可分为主要责任（直接责任）和连带责任（间接责任）。领导者的直接责任指的是应由领导独自承担的责任，也称本职责任或个人责任，比如决策失当等。而上班迟到、吵架并造成坏影响等，都属于员工的直接（个人、本职）责任。

一般而言，领导的连带责任和员工的连带责任，是需要二者共同承担的责任。而需不需要二者共同承担，则要看他们有没有处于同一任务关系中。所谓同一任务关系，一般是指某个项目或某项任务，由领导授权，由员工来执行。在这样的任务关系中，由于员工的过错而致使任务失败，则主要责任归员工，领导要承担连带责任。

领导者要注意，自己可以分担下属的责任，但自己的直接责任不能连带下属，只能自己承担。领导者自己的决策失误致使任务失败，不能怪员工；员工因没有执行领导者的命令而减小了领导错误决策的后果，非但无过反而有功，但领导的过失仍不可推卸。

领导对于自己的直接责任和连带责任，都要勇于承担。责任起源于过错，所以，领导首先要敢于承认自己的过错。

承认自己的过失并不是一件容易的事，因为不认错几乎是人性的本能。责任意味着惩戒，而任何惩戒都是对自身安全感的损害，所以，人犯错之后很容易不自觉地抗拒认错或逃避责任。

可惜，“不认错就不必承担后果也不会有多大麻烦”这种想法是一种短视。相反，勇于认错并承担责任是一种远见。因为不认错和无理狡辩会损害自己在他人心中的形象，人们会认为拒绝承担责任的人没有担当，会丧失对他的信任。如果人们对你的这种印象传到公司其他部门，后果是你会受到同事的疏远和领导的冷落，令自己丧失锻炼机会和晋升机会；如果传到其他公司，后果会更糟。相反，即使你犯了错但勇敢承担责任，同样会赢得旁观者的接受和欣赏，下次有机会，别人还会愿意跟你合作，领导也会考虑给你机会；如果你的责任感令旁观者印象深刻，甚至还会有人帮你传播“此人超有责任心”的好名声。

管理者应主动承担自己部门内或具体项目中应负的责任，这是对一位管理者的基本要求。下属出错后，按制度或事前约定本应由他承担的责任，管理者也应该主动分担。承担自己分内的责任当然是值得信任的表现，而分担自己下属的责任，更能赢得下属的感激与信任。

分担员工的责任，既是个人形象的经营，也是一种情感投资。员工对领导敬佩与信任，不是因为领导的权力大，而是因为他们感受到自己被重视与爱护。领导主动分担员工的责任就能够使员工产生这种感受。之所以把这种行为称为情感投资，是因为在一般情况下人们都是知恩图报的。“士为知己者死”，积极努力地工作，正是员工回报领导重视与爱护的方式。

做一个重诺的领导

关羽的形象已在人们的心中扎根，不夸张地说，“武圣”的地位与孔圣不相上下。原因何在?

高尚的人格本身就有魅力，而关羽集忠、义、仁、勇这些品质于一身，自然相当有吸引力。有了吸引力，相应地就有号召力，而号召力是领导力的一种。可以想象，“活关羽”相当有领导力。

关羽所有的高尚人格当中，最为人称道的是忠义。忠义的人格包括重诺这一品行。关羽不是中华历史上重诺第一人，重诺是中华民族的传统美德之一，早有重诺的佳话传世，比如春秋时期的吴国公子季札。

季札是吴王寿梦的幼子，寿梦死后，季札的三位兄长都曾让位于他，但季札执意不为，最后甚至选择以逃跑的方式来拒绝做吴王。此人品德高尚，见识高远，交友甚广，因其封地为延陵而被称为延陵季子。

有一次，季札要到西边去访问晋国，中途拜访了徐国。徐国国君非常喜欢季札佩戴的宝剑，席间目光频频移向宝剑。季札想把宝剑送给徐君，但使命在身暂时不便。那时，剑是贵族身份的象征。季札已经在心里答应徐君等出使晋国后再来访问徐国将宝剑送给他。可是，在季札出使期间，徐君在楚国去世了。

季札再次来到徐国，解下宝剑想送给继位的徐国国君。随从阻止了他。他说："我当时已在心里许诺，虽然徐君已死，但不能欺骗自己的良心。"但继位的徐国国君说："没有先君遗命，恕不敢受。"所以季札就把宝剑挂在了已故徐君坟墓边的树上。而后徐国人编了一首歌来赞美季札重诺的美德："延陵季子兮不忘故，脱千金之剑兮带丘墓。"

做到重诺的人，尤其是像关羽、季札那样一以贯之地重诺的人，已经拥有了一种人格魅力。这种人格魅力由内到外散发出来，每个接触它的人都会受到强烈吸引，为其折服。

为什么人们会崇拜、跟随重诺的人？

首先，一般人很难做到重诺，只有少数人能做到。做到与做不到之间的事实差距是不能无视、不可反驳的。一件事如果A能做到而B做不到，在做事手段公平的情况下，B就理应仰望、崇拜A。

关羽正是因为做到了常人所不能及的重诺，即坚守与刘备、张飞在桃园结下的大义，所以曹操才会对张辽盛赞他说："云长封金挂印，财贿不以动其心，爵禄不以移其志，此等人吾深敬之。"

人格魅力意味着一定的领导力，所以，重诺的品行也可以称为承诺领导力。有承诺领导力的领导，能赋予下属安全感，让员工感到可靠；有重诺环境的组织，能给员工以信心和归宿感，并赋予充足的干劲。

承诺领导力细分为两层：一层是不轻易许诺，另一层是许下的承诺要全力兑现。为什么不能轻易许诺呢？因为生活充满变化，何况人心也会变，这使得承诺往往很难兑现。与其自食其言，不如节约承诺。有的领导为了激励员工去做某事，喜欢事前承诺丰厚的报酬，这种行为要分多种情况来评判。如果这件事在员工的职责范围内，根本不必许以重利；如果是领导的私事，做这样的承诺也无可厚非，但必须兑现承诺。如果没有兑现承诺，时间久了不会有员工愿意帮助这种领导，他的领导地位也难保住。

许下的承诺全力兑现，这就是我们平时所说的信守承诺。信守承诺意味着排除一切利益的诱惑和干扰；用承诺的魅力使人信服，需要在做出承诺后严格自律。

中层领导还需要注意，不能给自己的下属额外的承诺，比如“只要好好干，我不会亏待你的”“事成之后我保证给你加工资”等。此类承诺其实是一时信口开河，最终无法兑现，很容易成为“空头支票”，结局往往是员工觉得自己被领导忽悠了，甚至被整个公司消遣了。

领导者培养自己的重诺品行，可延伸至工作安排和日常说话。就是说，下达的指令不能朝令夕改，说出的话不能随意收回。这两种行为的影响同不守承诺一样，都是失信于人，只不过不守承诺失的是信用，朝令夕改和食言而肥失的是威信。

为避免失信于人，首先要做到不轻易说带有承诺性质的话，这是重诺的第一步。

第三章

真心投入，善待员工

重视和尊重每一位员工

美国政治家、企业家、佩罗系统公司创始人罗斯·佩罗说："永远不要对你的员工颐指气使。"

现代女企业家玛丽·凯·阿什说："能否把员工视为最重要的资产并尊重每一位员工，是企业成败的关键。做到这一点，就能依靠员工创造出非凡的业绩。"

曾任惠普中国公司副总裁的吴建中说："一个好的企业中的好的经理人，其职责是帮助员工成功，而不是用权力欺压员工，否则他就是不称职的，不像现代的经理，更像旧社会的工头。"

土光敏夫就任东芝总经理时已经68岁，但他依然走访各个工厂和营业所，并与员工交谈。川崎的工人从来没有见过总经理亲自驾临，所以见到土光敏夫激动不已、干劲倍增。土光敏夫还宣布，他在总部的办公室对所有员工开放，任何一位员工都可以跟他讨论问题。一开始自然没有人敢到他的办公室中与他交谈，但半年之后他的办公室门庭若市。

以上这些名企领导者的格言和实践有一个共同点：他们都表达

了对员工的尊重与重视。

那么，领导者怎么做才是尊重员工呢？

第一，尊重每一位员工，要打破等级观念。然而，“打破”二字说来容易，真正做到却很难。最直接的办法是把“尊重员工”的戒律写在日常能够见得到的地方，或者请自己信得过的人及时提醒自己。如果这还不够，就只能专门把它当成一个问题来解决。实践“尊重员工”时，管理者首先要接近员工，如果不接近员工，那么对员工的尊重就永远是纸上谈兵。惠普的创始人休利特和研发部主任奥利弗经常到工作现场和普通员工交流意见，并与他们打成一片。后来，两个人离开原职位以后，员工们还是感觉他俩随时可能会到工作现场来。

第二，与员工相处时，不能凭个人喜好有所偏向或厌恶。也就是说，领导要对员工一视同仁。这是对员工意愿的尊重。一视同仁不等于绝对的平等相待。每个员工都希望得到平等对待，其实他们心里也知道现实中绝对的平等很难实现，只是期望得到应有的对待。除了这种差异化的“平等”相待，领导者还需注意无区别的平等对待，比如所有员工都不希望被当众揭短，做出成绩或好人好事理应得到夸奖。

第三，要特别善待底层员工。原因很简单，底层员工同样需要被认同，但工作原因导致他们难有这样的机会，他们的心里可能比较自卑和无望。尊重和关心他们，对他们而言无异于雪中送炭。

第四，要充分信任员工。信任是重视的表现，重视是尊重的结果。领导者信任员工有诸多好处，比如，提升其自信心和积极性，激发其责任感。

第五，不要轻易舍弃员工。就像父母不会因为眼前的困难或为了一时利益而不要自己的孩子一样，一个公司也不应该轻易地舍弃自己的员工。“二战”期间，惠普公司接到一个利润丰厚的军事订货合同，这项任务需要新招12名职工，但订单完成以后只能辞退他们，当时的总裁休利特决定不接受这笔订单。这样的决定体现了对员工的重视。不轻易辞退员工，有助于增加在职员工的安全感和归属感。

满足员工们被尊重和被重视的愿望，才能调动其积极性。这一需求一旦被满足，员工就会由衷地产生一种优越感，进而产生强大而持续的自驱力。

做员工坚强的后盾

背景：总经理急要一份报告，同往常一样由你的一位下属撰写。由于时间紧急，你的下属写完报告后越过你直接交给了总经理。总经理看完报告后非常不满意，并训斥了该员工。

这时，你该怎么做？

首先，作为员工的直接领导，你要做到保护好犯错的员工。员工需要领导的保护和支持，因为他在被指责时心里是恐慌的，是依赖着领导的。

员工对领导，既有对立也有依赖。对立态度在利益或诉求得不到满足时体现出来，而依赖的感情则时刻存在。如果员工完全不再依赖自己的领导了，他就会选择逃离领导的管理范围；如果这位领导是公司的老总，那么他只能选择离开公司。

由于对立关系，员工对领导的这种依赖一般是潜意识的，不会轻易表达出来。或者说，这种依赖是由领导管着员工的关系天然形成的。在一定意义上，领导就是员工的家长，而绝大多数孩子对父母是有心理依赖的。

正因如此，领导要想与自己的员工交心，并长期留住他们，就必须让自己真正强大起来，让自己在员工心里的印象是可依靠的。也就是说，领导要做员工坚强的后盾。

当然，领导同样是人，同样随时会有不安全感，如果领导的安全感需求与员工的互相矛盾，领导只得放弃自己的。换句话说，身为领导，决不能只求明哲保身。明哲保身的作风主要有三点表现：一是出现问题时不从自身找原因，以批评下属了事；二是需要领导做出决策时，怕承担责任或怕出错而不主动表态，而是等别人表态后顺水推舟；三是事不关己，高高挂起。这些表现都是把自己推向员工的对立面并疏远之。这种人不可能成为最高领导。当员工受到不公待遇或员工的利益遭到侵犯时，领导必须站出来，在确认员工没有过错后，领导必须力挺员工，帮他克服压力，争取应得的。

管理者要尊重和关心下属，时刻以下属为本，多点人情味，多注意解决下属日常生活中的实际困难，使下属真正感受到管理者给予的温暖。

有了这种认识，现在来尝试解决开头提出的问题：自己的员工在最高领导那里遇到麻烦时，作为他的直接领导应怎样维护他？首先，领导可以说明这是自己的员工，任务又是自己安排的，他完成得不好只能由自己来处置；如果总经理要批评，应先批评自己，对该员工的批评教育自己事后自有主张。然后，在事后还要安抚这位员工，待他的情绪稳定后再鼓励他说清原委，让他有责改之。

当自己的员工的利益遭到侵犯时，领导也要奋不顾身代为争取，哪怕是跟相关领导争执也不必担心自己的职业生涯越走越窄，事实上越走越窄的是不重视、不尊重员工的人，大胆维护员工的人只会越走越宽。

别人为自己做了什么，即使有些人不善言谢，但所有人都心里有数。施恩于员工，员工会记住领导的好，更加努力地工作。相反，如果下属有困难，上级袖手旁观，特别是在下属是出于好心，却被指责实属冤枉的情况下，员工就会形成“多做多错，不做不错”的观念，以至于养成懒散和推诿的作风。

结束以权立威的管理模式

美国社会学家彼德·布莱认为，管理者的有效性和稳定性都取决于下级的赞同。不被赞同的领导，其合法性已经遭到怀疑，更不要说什么号召力了。有的领导总能得到员工的赞同，原因有很多，个人威信是其中之一。

假如领导者缺乏威信，就算计划再好，也无法一层层地传达下去，更谈不上被员工有效地执行了。要想提高执行力，领导者必须有较高的威信。但是，有人觉得有权自然就有威信，其实这是错误的想法，以权压人，压而不服。威信与权力并没有直接的关系。

管理者的言行必须要有一定的权威性。假如你在公司从事管理工作已经有一段时间，有一天你正在自己的办公室和员工交谈，突然来了一位陌生人，如果他不能立马看出你们中谁是管理者、谁是员工，或者看到员工随随便便的态度，那么可以说你是一个失败的管理者。

企业的正常运作离不开纪律和秩序，而让员工遵守纪律和秩序的关键是让员工对领导产生发自内心的尊重。正常运作已是如此，工作的高效率更依赖领导的令行禁止的威信。如果员工个个都有“指哪打哪，决不抗命”的执行力，公司的工作效率肯定出奇的高。所以，管理者想树立自己的威信，就要严格约束和要求下属，不能无度放纵。

不过，唯领导之命是从的行为风格取得的效果是好是坏，完全取决于最高领导所做的决定正确与否。若正确，效果会好得出奇；若不正确，后果可能会错得离谱。事实上，诸子百家中墨家的“尚同”主张就是这样的，具有鲜明的集权主义特色。然而，唯领导之命是从的高效率，并不能因此被否定，这里指出这种危险，只是提醒最高领导者在下判断和做决定时，务必收取足够全面的消息和意见。

个人威信是一把双刃剑，利用不好的话就会弊大利小，但作为领导者还是要建立自己的威信。没有威信，一切就无从谈起。至于怎样建立，一般领导者都会想到权势这一工具，而且基本手段是施加惩戒。的确，在权本管理中，权势能够在短时间内产生很多东西，然而这种顺从关系时至今日已经太脆弱了。虽然老板在一定程度上是员工生存的希望，但这种程度很低，特别是当今许多老板已经放弃了权利威慑的方法，再那样做就是为渊驱鱼。

除了以权压人，还有什么方法能建立领导威信呢？在这里要强调的是它的前提工作：区分与威信相近的几个概念，选中最合时宜的个人影响力来改进自己。

与威信相近的概念有威严和权威，它们都属于个人影响力。

威严是因习惯性的严肃或严厉态度（即威仪）给人带来的令人敬畏的印象；权威是员工对领导权力的一种自愿的服从和支持，也指某人或其言论得到认可的广泛程度；威信是威望和信誉的合称，指人们自发地对某人顺从、信任和支持。不难发现，权威和威信有一个共同点，就是人们服从和支持都是自发自愿的。但威严不是，威严是由领导强行灌输给员工的，正因如此，领导的威严只能依赖权势得以建立。高明的领导应该结束以权立威的管理模式，开始把威信或权威作为目标来改进自己。

威信和权威更可靠、更和谐，效力更持久。威严意味着一种压力，每个人受到威压时都不自在。与其摆架子唱白脸费力不讨好，不如提升自己，让员工发自内心地敬佩与顺服自己。下面以威信为例做说明。

威信是领导者在组织活动中表现出来的一种非权力的影响力，它是员工对领导的品格、才能、学识、情感等方面的综合认知。如果我们说领导者运用手中的权力发出的指令是有形的，那么领导者自身威信所具有的导向性和劝服力就是“无言的号召”“无声的命令”。有威信的领导即使不当场监督，员工也会自发地认真、努力工作，并且他所发出的命令能够立刻被员工领会，并得到正确而高效地执行。

树立个人威信是长期工作，虽然见效慢，但效力持久。领导者可以通过日常相处，在员工当中展现自己的特长，让他们由衷地佩服。能者多劳，其实大多时候不是上级领导自己做主把任务交给你，而是公司里其他成员不能胜任。由于其他人的自愧不如，所以能者说出的话自然具有令人信服的力量。事实上，从一位员工到管理者的地位升迁，最正规和普遍的途径就是唯才是举，所以才干是威信的基础。

接近员工，而不是傲慢

一群刺猬在天冷的时候互相靠近以取暖，但太近了会刺到同伴，太远了又达不到取暖的效果，最后它们会调整到一个既温暖又不伤害同伴的安全距离，这就是刺猬理论。它其实是人际交往中的心理距离效应。企业领导树立个人威信时，也可以运用这一理论。

管理者有许多机会来树立自己的威严，但要注意把握分寸，即在傲慢与亲和之间找到平衡点。多数领导者所选取的平衡点，明显是靠近亲和这一边的。这是因为，傲慢给人造成的不快情绪远比亲和给人造成的愉悦情绪强烈，更接近亲和这一端，才能取得二者之间的平衡。

领导亲和员工的方法有很多，言语安慰、身体接触或向其投以赞赏的目光，都能使员工感到愉悦。国际公司麦当劳的创始人之一雷·克罗克选择的方法是接近员工。他不喜欢坐在办公室里发号施令，而是经常到各分店和部门走动。

公司曾有一段时期面临着严重的财务亏损，克罗克经过调查发现，亏损的原因与各部门经理的官僚主义作风有关。他非常担心这种情况继续恶化，决心清除这一弊病。

一开始，他想到了几个常规的方法，比如，把部门经理叫来训示，在全公司下发禁令，但他觉得这些办法都不能解决问题。最后，克罗克想到了一个让人觉得荒诞离奇的办法：锯断所有经理座椅的靠背，不许修复或更换！指令下发出去，并强硬地要求经理们立即执行。没有了靠背的椅子坐起来非常不舒服，经理们开始走出办公室。一段时间后，他们终于发现了总裁的良苦用心，自觉养成经常到第一线走动的习惯，结果发现了许多问题，并上下齐心逐一解决，使公司又恢复了盈利，且日益兴旺，跃升为全球500强企业。

上面的案例告诉我们，企业经营者经常到一线走动是企业走向成功的一个秘诀，因为有助于发现问题并高效解决。除了这个好处外，管理者还能及时了解员工的工作状况，了解他们的工作情绪。此举对员工也是一种监督，如果领导的走动是不定时的，监督的效果会更好，更能督促员工积极勤奋地工作。

管理者特别是最高领导的办公室不能距离员工太远，尤其不能高高在上。在办公室里传唤下属和发布命令，不见得会产生“运筹帷幄之中，决胜千里之外”的成就感，相反，它会给员工一种领导高不可攀的感觉。其实，领导就算不整天待在自己的办公室里，员工也会有这种感觉。这种关系是天然形成的，是员工与领导的等级关系决定的，第一次接触就让员工放下心防的领导和不分角色自来熟的员工，都是少数。

管理者应该时常到员工的工作场所走动走动，其效果肯定比长时间待在办公室里好。不必多说什么，不必指示什么，看一看也很好。表面上看这只是物理距离的拉近，但物理距离可以转换成心理距离。

领导接近员工，有助于改善工作氛围，有助于整个公司的绩效增长。抛开这些不说，了解员工的思想动态、查看某项任务的进度、展现个人魅力、树立个人威信、检验公司制度是否得到贯彻，这些哪一项不需要领导与员工面对面？有些领导认为领导应该保持一定的神秘性，否则形象不保，丧失威严。然而，领导“神龙见首不见尾”的结果，多不是维持神秘、高大、可敬的形象，而是人心疏离成一盘散沙，甚至是埋下分崩离析的隐患。领导，特别是最高领导，是企业保持凝聚力的关键所在。当企业还没有建立共同愿景、核心价值观等时，最高领导尤其不能对员工保持神秘。

总之，领导疏远员工的理由都是不成立的，接近员工反而有百利而无一害。在傲慢与亲近之间，领导应选择亲近员工，甚至应打破这个平衡，使自己稍微向员工倾斜，但要保证自己的威信不受损。

大方让利于员工

管理者与员工之间是合作关系。合作是价值互换，而不是对有价值之人的利用和讨好。利用与合作的区别在于关系维持的时间，时间维持得越长越像是合作，一次性的合作与利用没有差别。

与员工合作期间，领导应尽量把可见的实际的好处归给自己的员工，比如成绩、功劳等。如果管理者取得成绩是大家的功劳，或者得到过员工的帮助，那一定不能独占，而是要归功于集体。还要注意特别强调谁的功劳和苦劳最大，即谁最用心、谁付出的最多、谁的功劳对整个任务的完成是决定性的。独占集体或抢占他人的功劳，会给人一种好大喜功、权力欲望过盛的感觉。

把功劳归给下属其实是高明的做法。管理者的高风亮节、决策的正确性、部署的科学性，都能够通过“归功于人”彰显出来。这就是“唯其不争，故无人能与之争”。

即便最大的功劳确实在于自己，并代表团队获得荣誉或得到表扬，管理者也应该把荣誉和喜悦分享给员工。要注意不能只说“是大家一起努力的结果”这样的套话，而是要满怀感激地列举出那些切实付出努力的员工。此举能让下属得到受器重的满足，激励下属努力去实现自身价值。还可以更实际些，比如请员工吃一顿饭。

即便实在没什么可分享的，作为管理者至少也要保持低调，而不是仅凭一次的成功就觉得自己特别了不起。

另外，若管理者能把功劳和荣誉归给员工，特别是一些比较小的让贤，还能激励员工上进。

不过，让利于员工一般指的不是让功劳和荣誉，而是更实际的物质性的奖励。奖励员工，一定要舍得。

华旗资讯集团的创始人冯军从不吝惜对员工的物质奖励。研发人员申请的发明专利只要被国家知识产权局认可，就每人每次奖励6666元；带来实际经济效益的专利，专利发明者将得到5%的提成。2010年1月，冯军对华旗实施股份制改革，把首批“准期权”证书发放给200多名同事，最后，还把50%的集团股份免费分给了内部职员。

宋代有诗云：“手把青秧插满田，低头便见水中天。身心清净方为道，原来退步是向前。”这首诗有多处可以解读，比如低头做事的道理、身心清净的教诲，但这里要说的是许多时候退步就是前进。这个道理不只适用于插秧，企业管理也是如此。

佛山市鑫宁机械设备有限公司是一家从事冶金和钣金机械设备

研发与制造的企业，总经理丁晓祥为人非常大方，毫不吝惜地把自己绝大多数的股份转让给了优秀的员工。

员工杨德在入职鑫宁之前已有3年工作经验，并开过一个小工厂。丁晓祥发现此人勤奋刻苦，又有创业抱负，于是与之沟通，商谈让他开办一家鑫宁分工厂的事，两人一拍即合。丁晓祥在签订协议时许诺．只要杨德能够完成既定目标，就把鑫宁25%的股份转让给他。杨德在感激与期待中努力创办、经营新厂，最后成功完成目标。此后，新厂的营业额与利润一直在持续增长。

不仅对杨德如此，丁晓祥还把鑫宁层层分包出去，每一位优秀的员工都成了公司的股东。有心人天不负，鑫宁在分股完成后的第二年，产值增长了50%，利润以每月30%的速度持续增长。

丁晓祥让利于员工的行为，实现了领导与下属的合作共赢，是高超的领导艺术。如果领导希望自己的公司蒸蒸日上，就必须依赖员工的忠诚和付出。尽管通过制度管理与监督，也可以获得这两者，但效果远不如大幅让利于员工，令其职业生涯与自己的绑在一起来得快、来得好。董事长把自己的股份降到最低，大部分分给其他高管，得到的是员工的感激和工作积极性。敢不敢大幅让利于员工，考验的不是领导的胆量，而是胸襟和眼界。

无独有偶，马云是阿里巴巴集团的主要创始人兼董事局主席，但马云团队在整个集团所占的股份仅为28.2%；南存辉是浙江名企正泰集团的董事长，但他在集团占的股份还不到20%。我们不难发现一个规律：在成功的大型企业里，最有地位与权势的领导所占有的利润份额都没有过半。当一个公司名声在外、规模壮大后，分股其实是非常考验领导者的胸襟的事。当1%的股份也是以亿为单位计算时，只有视钱财为无物、视人心为至宝的人才有分股的魄力。

让利于员工的领导艺术，也就是以舍求得、以退为进的行为艺术。有舍必有得，有进必有退，考虑到这一点，领导应该主动做出让利行为。

同时，让利于员工也是在把领导者本身向更多的收获和更广阔的道路推进。因为这种行为的直接收获——员工的忠诚和干劲，把一个人扩展成了一个团队。个人的力量有限，团队的力量则无穷大。领导对员工的金钱奖励或馈赠，表现出领导对员工的肯定与赏识，员工自然会以更努力地工作来报答这种知遇之恩。

大胆给予其实是一种投资，种下的是员工的感激，收获的是更多的盈利。所以，为达到这种投资效果，企业最高领导应像丁晓祥、马云、南存辉一样，大方地让利给员工。不过，让利于员工要把握好几个条件，不是随心而定的。工龄、忠诚度、职位、工作表现、已有贡献、贡献能力等都是必须考虑的因素。

第四章

会沟通，员工才有高效率

倾听员工的心声

英国学者阿代尔说："对于真正的交流大师而言，倾听和讲话像一块布的经线和纬线一样是互相关联的。当他倾听的时候，他站在同伴心灵的入口处；当他讲话时，则是邀请同伴进入自己的心灵。"

倾听相比讲话有诸多好处。

认真倾听别人的话，是对别人起码的尊重。在人们都抢着表达自己的场合，倾听是最高的赞赏。

倾听能让员工感到轻松，进而增强自尊心和自信心。

在沟通领域，倾听也很重要。倾听才能听到，听到才能听懂，听懂才算有效交流。

倾听意味着少发言，而寡言少语者的话往往能一鸣惊人，如同雄鸡的黎明高歌；话痨或雄辩者却很容易让人厌烦，如同池塘里呱呱叫的青蛙。战国时期的墨子也教导弟子："宁学雄鸡，不学塘蛙。"倾听是发言的绝佳铺垫，能使领导把话说得更好。认真倾听胜过精彩的开场白和引导语。

倾听等于谦让，即让别人优先表达自己。想表达的人总是比想倾听的人多，一个人想表达的时候总是比想倾听的时候多。领导应让员工先表达自己，而自己在一旁倾听。与其说善于倾听是在展现一门艺术，不如说是在展现广阔的胸襟。

同时，倾听还意味着一种耐心。因为它需要在对方说话期间放下自己的观点，特别是在听到与自己所知不符的话时。有时，在语言方面具有专业态度的或较真的人难以倾听，因为他们总是要确保听明白每个词、每句话，否则就要追问，这就必须打断对方所说。其实，大多数人的话是自成系统符合逻辑的，即使有时用词不准确，但别人听到后面就会明白其主旨。所以，不打断他人说话也是善于倾听的表现。

领导需要在员工那里倾听的内容，至少包括抱怨和不同意见两项。

听取下属的抱怨是每个管理者义不容辞的责任。

员工的抱怨从来不是小事。对管理者或其他非当事者来说，别人的抱怨可能不值一提，但对当事者而言绝非如此。想想一个人为什么会抱怨，如果不是受了什么自己不能承受的委屈又不能抚平，谁会没事抱怨？听到员工抱怨时，敏锐的管理者应该想到自己作为领导什么地方出了问题，或者公司的制度哪里出了问题。

抱怨的人不选别人偏偏选中你作为倾诉对象，说明你在他心里要么是能够为他解决问题的人，要么是他非常在意的人。

倾听的内容也包括他人的不同意见。不同意见能够扩展管理者的思维，从而有利于其做出正确决策。广泛接受不同意见，还能营造民主氛围，维系良好的人际关系，增强企业的凝聚力。能接受他人意见的领导者，都给人留下谦虚的印象。谦虚等于处下，水是甘愿处下的，结果海纳百川。谦虚是领导者的必备品质。

没有任何不同意见是危险的，因为企业经营总会有各种各样的问题，有预见力和敢于发言的人才能指出这些问题。即便员工的意见可能不对，但他们的意见仍是领导获得信息的一条渠道，封锁不同意见的表达门路，就是在阻止自己全面获取信息，后果是不能做出高效的决策，甚至不能做出正确的决定。每个人都有独特的成长经历，对问题的看法都是独一无二的。特别是关于某件具体而重大的事，员工的意见更有必要倾听，因为最接近具体工作的人看问题看得更透彻。

如果没有不同的意见，意味着管理者的言行没有处于大家的监督之下。久而久之，这种一人独大的优越感会让管理者陶醉其中，进而骄傲自满，不思进取，犯经验主义和教条主义的错误。总之，有人跟领导唱反调，有时候是公司的福气。没有不同的声音是一种独裁的表现，独裁的后果是引起那些身负才干的员工的不满。

多个不同意见能够畅快得到表达，是企业文化和谐的表现。“和”就是不同的东西有序地聚在一起，表达通路打开了，员工才可能感到身心畅快，所以，一个可以自由表达的公司，必然是充满朝气与热情的。让员工表达不同意见，也能增强员工的参与意识和责任感，进而增加企业的凝聚力。

有时候，领导者只倾听还不够。如果讲话的人本身比较自卑，除了倾听，还要及时顺着他的谈话方向提问。这种情境下的提问，非常有助于发现员工的需要。因为它显得不那么正式，即便是正式场合，领导也可以说一些轻松愉快的话题活跃气氛，让员工降低在领导面前固有的紧张感。但还是以私下倾听为好，因为办公室本身会带给员工一种严肃感。

建立有效的沟通模式

松下的总裁松下幸之助说："企业管理的过去是沟通，现在是沟通，未来还是沟通。管理离不开沟通，沟通已经渗透于管理的各个方面。沟通正如人体的血液循环，没有它，企业就会走向死亡。"

沃尔玛总裁萨姆·沃尔顿也说："如果非要把沃尔玛的管理体制凝练成一种思想的话，那可能就是沟通了。因为我们能够取得成功，沟通是最关键的一环。"管理者沟通的目的是达成共识，而沃尔玛管理者为了实现这一目标，首先让所有员工面对公司的各种现实。也就是说，他们把信息共享和责任共担当作了有效沟通的前提。这是非常有道理的做法，有问题才有意见，有意见就要表达，不同意见的交换就是沟通。让员工知道并面对公司的现实问题，既激发了沟通的需求，也使员工意识到自己在公司中的位置和重要性，从而产生参与感和责任感。

好想你枣业股份有限公司能够成为世界范围内红枣行业中规模最大的公司，得益于独特而有效的沟通流程。首先，管理者传达指令或任务时，所告知的目标必须是可量化的，也就是具体到某个或某组数字；其次，目标执行者必须在管理者面前清楚描述自己的执行计划和实施步骤，管理者会适当进行指导。如果某项任务事关重大，则执行者必须每天向管理者汇报进度。公司完善的工作日记、周记等日报制度，也能帮助高层管理者了解工作进度，更重要的是，高管借此能够及时发现下属工作中的偏差，并予以纠正。此外，任务执行到关键的时候，往往也是执行者压力巨大、情绪烦乱的时候，上级领导可在此时与之沟通，想方设法减小其心理负担。

这些名企格言和经营实例共同指出了沟通在现代管理中的重要性。许多企业因沟通能力极差、沟通效率极低，导致企业卡在瓶颈不能向前发展。这种现状是由许多种原因造成的，其中最重要的原因有两个：一是不知道怎样才算有效的沟通；二是沟通的结果未能得到完全执行。许多管理者认为沟通失败在于后一种原因，殊不知自己的沟通不到位才是最主要原因。员工如果没有百分之百按照领导所说的执行，一般是由沟通当时漏掉了什么至关重要的细节，或者领导误以为员工完全理解了自己所说的话所致。确保员工会百分之百照办，本就属于有效沟通的一部分。若领导一方确保之后还是失败了，才能归咎于员工，或者归因于沟通后的某种意外。

怎样才算有效的沟通？

第一，必须确定沟通双方的意愿都是真实的。如果员工不是真的想听领导说话，那么，即便他装作洗耳恭听的样子，也不会听到有效的信息。领导此时的选择应该是放弃沟通，除非有办法把这位心不在焉的员工的注意力拉回沟通情境中。那首先要找到他心不在焉的原因，这些原因可能是员工对领导敢怒不敢言、对领导的话根本不感兴趣或心里有其他事急需处理等。

第二，与下属沟通时，要明确为了什么而沟通。为此需要事先围绕沟通目的进行充分准备。

第三，必须确定员工真正听懂了领导的话，不能止步于领导确信自己已经说明白。倾听者的不懂装懂，谈话者的故作高深，都可能导致沟通无效。沟通者如果使用对方不习惯的词语，说话节奏不同步，等于加大对方听懂的难度，减弱其沟通的意愿。注意，夹带个人情感的说话语气也会带来同样恶果。

第四，沟通节奏必须是同步的，往更高层面讲就是沟通模式必须是一样的。说话节奏不同步是一种非常普遍的无效沟通。这种不同寻常表现为双方提供的“信息线程”不一样。信息线程是仿照电脑CPU提出的概念，指的是需要同时运作的思维链条的数目，比如“吃早饭了吗”就是一个信息线程，再加上“待会儿去哪儿玩”就是两个信息线程。管理者与员工沟通时最好一直使用单一信息线程，也就是先解决“吃早饭了吗”的问题，再提出并解决“待会儿去哪儿玩”的问题。简单的两个问题或许可以同时处理，但如果是比较复杂的问题呢？况且随着讨论的深入，两个简单的问题也会纠缠在一起，造成沟通混乱，而混乱是失败的开始。QQ群、微信群的聊天经常呈现出这种混乱，与性情急躁的人聊天也容易出这种错。总之，节奏同步原则要求沟通双方都不要思维跳跃，而是一个问题接一个问题地来。所以，有效的沟通要求主动沟通者放慢说话的节奏。单线程，慢节奏，看似费事绕远，其实是捷径。

第五，沟通结束时，必须总结确认沟通结果，如果是指令性的结果还要强调，如结束时要求员工简述自己的工作计划，也是一个检测他是否真正听懂的方法。

许多管理者不是不知道沟通的重要性和好处，只是不知道怎样引出和谐愉快的沟通。提问是一个好方法，因为相比主动提出话题，人们更擅长回答问题。问什么呢，总结起来就是“5W1H”。5W即谁（Who）、什么事（What）、什么时候（When）、什么地方（Where）、为什么（Why），1H即怎么做（How）。这种提问是最全面的，帮助被问者把自己要表达的想法具体化，并让他觉得自己很重要（问得越细致越好）。

说话要抓住重点，简明扼要

“二战”期间，德国于1940年轰炸了伦敦后，英国人民的情绪一度非常忧郁。丘吉尔作为当时的英国首相，知道自己有责任鼓舞民心。1941年10月29日，丘吉尔出席剑桥大学的毕业典礼，在典礼进行到最后20分钟时登上主席台，他从容地脱下大衣，摘下帽子，默默地看着台下的几千名青年学生，学生也看着他。一分钟后，丘吉尔开始讲话：

“First，never give up！（第一，坚持到底，永不放弃！）”

“Second，never never give up！（第二，坚持到底，永不永不放弃！）”

“Third，never never never give up！（第三，坚持到底，永不永不永不放弃！）”

说完这三句话，丘吉尔慢慢穿上大衣，带上帽子离开会场。又过了一分钟，所有人终于从不解中醒悟过来，会场中爆发出经久不息的掌声。

丘吉尔的这次演讲，用三句重复的话突出了自己的主旨，激起了英国人民的民族情感。之所以会有这种反响，首先在于“never give up”这句话出现的场合。遭德国轰炸后，英国人民的情绪一直是非常低落的，领袖的演讲也未必能保证重新唤起民众的激情与信心。丘吉尔往常的演讲篇幅很长，这次一反常规，其实是满足了听众的期待。这种期待被满足之后，英国人民首先是惊奇，其次是回忆首相说了什么。直到这最后一步的反应，这三句重复的话才开始起到应有的作用。也就是说，丘吉尔此次演讲的巧妙之处在于无形地把民众的注意力从可悲处境中拉了出来。

丘吉尔这次演讲的技巧中，企业领导有一点必须学习，就是说话的简明扼要。

简明扼要有两层意思：一是所说的话首先要有重点，二是重点突出。怎样突出呢？领导与员工沟通时，不说相关度较低的话，应追求语言的骨感美，而不是丰腴美。也就是说，表达的意思齐全即可，不必非要加强逻辑性，使用太多专业术语或说得文采斐然。有些人说话喜欢用“然后”“因为”“所以”“根本不”一类词，以显得自己很有逻辑，但逻辑本身是包含在语言里的，把骨架说出来，即便没有强调逻辑关系的词，听者也能懂得。追求文采斐然或相当专业也是一种毛病，因为听者有可能不懂，而不能被完全听懂的话就是失败的。还有，与骨架相关度不高的词语，可能不会使话语更漂亮，反而使其变得更混乱。因为它们会干扰听者的理解过程，每一个信息都会占用一定的注意，所以未能确定听者具备发达的理解力，就不要说骨架之外的东西。如果听者理解有困难，他自然会提出问题，这时才可以提供更多信息。

领导与员工的沟通最常见的形式是任务或指令，要做到简明扼要有两个基本要求：一个是要素齐备，另一个是尽量量化。任务的要素包括时间、地点、人物、任务本身，即谁要在什么时间什么地点上交已完成的任务。时间可以量化，金钱可以量化，任务的完成情况，也要尽量量化。

突出重点的方法有很多，可以像丘吉尔那样简单重复，也可单纯进行强调。对比以下两句话：

"从今天开始，办公室卫生实行轮流负责制。"

"从今天开始，办公室卫生实行轮流负责制，小王，你来制订一份值日表，下班前交给我。"

很明显，后一个指令会更快被执行下去，因为它确定了第一执行者，强调了要检查，并明确了检查时间。强调检查能够有效提高员工的工作效率。检查对执行者来说是一种压力，同时又是一种有效的督促。要注意，易于实现的事情才方便强调检查，换成某项事关重大的任务也许会不宜强调检查，因为巨大的压力容易让人拖延。另外，如果小事不强调检查，员工也会养成拖延和找借口的坏习惯。

与员工交谈必须平等相待

一位管理者厌烦自己的员工凡事都请示自己，于是在一次会议上指出这个毛病。他说："大家每人都在自己的工作领域术业有专攻，而我其实是比不上的，更不能面面俱到。所以，今后签公文时，请大家不要问我'应该怎么做'。自己真的拿不准需要我的意见，你们可以问我有什么建议。"

试想，如果他直截了当地说"不要问我该怎么做"，其责备的语气较上面的方式就会更为明显，会引起下属较强的抵抗。一位企业领导有事要员工去他办公室时，从来不说"到我办公室来一趟"，而是说"我在办公室等你"。因为前者给人一种要问责于人的感觉，后者则充分体现了平等，表达了对对方的尊重。

以上两位领导的做法有一个共同之处，就是把自己的主导地位变成了平等或次要地位。这种做法很容易赢得下属的好感，放松他们的紧张情绪。虽然形式上降主为次，但自己的主导地位不会改变，却能赢得下属更积极的配合。

事实上，权本管理的时代早已过去，领导者再也不能倚仗权势与地位自高自大，目中无人，而是应该充分尊重他人。

每个人都应该得到尊重，首要原因不是人人都具备可敬的品行或价值，而是每个人都有自尊。每个人都有较强的自尊心，一些看似微不足道的小事或玩笑话，都有可能打击他人的自尊心。只是有些人涵养高，在遭到打击时也不发作，但这并不代表他心里没有爱憎。自尊心强又表露出来，就是顽强的拒绝态度。因此，管理者与员工对话时，要善于说肯定的话，即便确信错在员工，能委婉地指出就不要触碰其自尊雷区。

管理者对员工尊重到什么程度呢？到平等相待的程度即可。与下属沟通，要体现出自己与下属的平等。尽管事实上人与人地位并不平等，但人格是平等的，且实现平等是每个人的热切愿望。平等相待就传达出了自己对下属人格的尊重。听到别人发表见解，人们很自然地会有所好恶，但不应立即打断或发表否定意见。

人们与社会地位高于自己的人交往时，一般会内心紧张，言行拘谨。有的员工在自己的上级面前从来不敢多说话。为了打破这种局促关系，让员工的才能充分发挥出来，管理者需要有意营造平等的交流气氛。

做到与员工平等相待，也就做到了换位思考。联邦快递中国副总裁钟国仪曾总结自己的经验说：“最需要做到的是用你的心去感受你的员工想要表达的心意。”他还说自己刚从事管理时总是“我讲你听”，后来变成了“多听少讲”，很快他又发现自己在听别人说话时“总是在想怎样反驳他的话，根本没有在听他说什么”。终于有一天，钟国仪做到了“把自己放在对方的位置上，用心去听他的话”。

领导者需要站在下属的立场上考虑问题，就必须让下属把话说完，不能想到某个点就立即打断。听到完整的信息是做出正确判断的基础，所以，不但不能打断，还要鼓励、教导下属有条理地讲完。换位思考也要求领导熟悉员工的脾气性格，并在交谈中观察他的实时反应。

在与员工沟通时平等相待、换位思考后，还可以尝试使用员工的语言，这样能轻易突破障碍，减少许多不必要的麻烦，同时让员工感受到莫大的尊重与重视。士为知己者死，被尊重和认可的员工才愿意为领导努力工作。

平等的态度不但要通过谈话内容体现出来，也要体现在说话的语气、语调、表情等细节上。其实这是关乎管理者个人习惯的事，作为一位管理者，你应该培养相应的好习惯。

揣摩心理，避开禁区

王熙凤初见林黛玉，笑着说："天下竟有这样标致的人物，我今儿才算见了。况且这通身的气派，竟不像老祖宗的外孙女，竟是个嫡亲的孙女。怨不得老祖宗天天口头心头一时不忘。只可怜我这妹妹这样命苦，怎么姑妈偏就去世了？"

王熙凤这话既说到了贾母心里，也说到了黛玉心里。王熙凤显然揣摩透了两个人的心思。贾母热切希望外孙女能够进贾府生活，好在黛玉身上得到痛失女儿的安慰，也正是因此，她一定会对黛玉百般疼爱。这种心理若有人迎合，贾母自然受用。对黛玉而言，尤其受用的话是"竟不像老祖宗的外孙女儿"。黛玉初进贾府时，对贾府的生活方式颇感陌生，于是暗中模仿，生怕被人笑话了去，而王熙凤这话正是对黛玉此等表现的肯定。

古代有一个叫鱼子的人，他对人尖酸刻薄，喜欢揭露别人的短处。一次，他和朋友聚在一起饮酒，别人都开怀痛饮，其中有个叫吴丑的人却不敢多喝。鱼子碰巧知道其中缘由，大声说道："你们知道他为什么不敢吃酒吗？因为他妻子管得太严，有一次他喝醉回家，我亲眼见到他被妻子打了几个耳光。他是怕回去再遭家法啊！"吴丑非常恼怒，起坐甩袖离去，其余的人也都不欢而散了。久而久之，鱼子就没有什么朋友了。

像鱼子这样连朋友都没几个的人，自然做不了领导。但他的故事对今天的管理者还是有借鉴意义的。每个人都有不愿与外人言说的短处或秘密，《韩非子·说难》一篇把这种短处称作"逆鳞"。逆鳞的特征是极其敏感，即有时候别人并非有心讥讽，但当事者会认为那些刺激性的话是针对自己的。因此，直接触犯他人逆鳞的话不能说，与其逆鳞相关的事物也不该谈起。管理者若想赢得员工的尊重，就绝不能在交谈中触碰其逆鳞，无论私下还是当众。忌讳对方所忌讳的，是维护其自尊心的表现。

逆鳞就是一个人的心理禁区。以上两例提示我们，与人交谈过程中，运用一些技巧可以使谈话顺利进行并获得成功，若是触碰禁区会使谈话失败。那些技巧大都是揣摩对方心理得到的，特别是考虑对方的心理禁区。与对方毫无关系的事、有损对方利益的事、对方可能听不懂的话、对方的伤心过往、对方的隐私，这些都属于心理禁区，一旦谈及，容易引起对方的反感甚至厌恶，所以在交谈中应该尽量避免提及这些。

除了倾听者的心理禁区，在说话方式和风格领域也有一些禁区，触碰它们也是致使交谈不欢而散的原因。下面把这些沟通禁区罗列出来，企业领导者了解之后，与员工或任何其他人交谈时，应尽量避开。

（1）谈话以自己为中心，高频率出现“我”字，甚至自我吹嘘。以自我为中心等于忽视别人，每个人都希望自己能够成为焦点，即使不能，至少自己不能被忽视。自我吹嘘的后果是给人以傲慢自大或自恋的印象。

（2）随意打断别人的话，并发表自认为正确的意见。没有人喜欢自己的话被生硬打断，如果你非要打断不可，务必要先说“对不起”一类的致歉词。这其实是要求人与人平等相待。有些领导会为自己的不平等待人找借口：“我在社会上打拼了十几年，学识经验无论如何也比员工丰富，所以，员工的意见与我相左时，我应该及时纠正他，以免他在错误的道路上越走越远。”这个解释是合理的，只要领导能够帮助员工进步，确实应该及时指正，但关键是指正的方式和时机。不是所有人都相当理性和大度，能够快速接受正确意见；也不是所有人都能接受直截了当、毫不避讳的指正方式。所以，要不要指正，怎样指正，何时指正，领导要对员工有充分了解才能做出决定。

（3）口若悬河滔滔不绝，说话像子弹连发一样快。这种言谈方式触犯的心理禁区与（1）相同。另外，别人可能跟不上发言者的语速，以致听不懂，回答敷衍，沟通效率低下。与人交谈应缓缓道来，不可急于求成。

（4）说话好卖弄文采。如果遇到兴趣相投的人还好，否则容易被认为是做作。另外，这种说话方式也可能让人听不懂。

（5）别人说过的话，要求重复太多遍。对方会怀疑你根本没有听他说什么，从而产生不被当回事的感觉。被尊重是一种不可或缺的心理需求。

（6）有人请求帮忙时，轻易承诺，且话说得太满。绝对肯定性的话会让人对自己期待的事产生过高期望，万一由于某种意外失败时，其失望就更大。那种失望可能会把承诺者的功劳、苦劳一并抹杀，更有甚者，承诺者会被贴上“不靠谱”的标签。可以答应别人的请求或指示，但没有要求保证就不要保证。回答“我会尽力的”比回答“绝对没问题”可靠。

（7）表里不一，言不由衷。也许一次两次的行为对方不会察觉出来，但表现多次之后对方会直接把你认定为不可靠的人，拒绝再与你共事。

（8）出言不逊，否定前程。每个人说话做事都确信自己没有错，即便是一时疏忽做错了，也认定只是一时之失。所以，表达自己的意见时，要对事不对人，做到心平气和。永远不要说出“这个人完蛋了”“这个人一辈子都不会有出息”这种太绝对和伤人的话。

鼓励发言，激发斗志

中国的企业内部开会的情景，大多是最高领导一人在说，中层领导和员工只管聆听和记笔记。有的情况好的会议也只是中层领导发言几句，但基层员工几乎不说话。

员工在企业内部会议上不发言，可能是其性格内向不爱说话，也可能是领导一贯形象威严让人畏惧，还可能是领导总是反驳员工的意见，使员工认为说什么都是白费口舌。如果是后两种原因，这样的领导就不能算是成功的领导。因为领导与员工的对话不该是单向的领导说员工听，而应该有互动。有互动的沟通才是有效的沟通。

为实现有互动的沟通，领导首先要学会倾听员工的声音。倾听的对象不只有正确、精辟的言论，也要包括自认为不正确的观点。我们要驳倒别人，不但要听清他的核心观点，更要听清他的支持性论据，这就要求我们必须把对方的话听完整。所以，听到别人说出与自己以往经验或主张相左的话时，不要立即打断，而是要听他阐述完再出言反驳。这是对他人的基本尊重。由此可知，养成倾听的好习惯，其实是在改掉与人相处的陋习。

领导不仅要倾听员工的话，还应该鼓励员工大胆发表意见。

与员工交谈时，“说说你的想法”“有不同的意见吗”一类言辞，都可以鼓励员工大胆发言。有些领导在接受员工汇报项目进展时就是这样做的，他们只是提一些问题，从来不会过问太多，更不会打断或强势指导员工的工作。相反，他们经常对员工说的话是“这个试验我觉得很好，你们可以问问更多人的意见”“将来有了结果，希望你们能够及时告知我”。即使他们感觉有什么不妥时，他们的话也是建议性、启发性的，而非批评性的，“你看，这个问题是不是有其他看法，比如说……”“当然，这只是我的个人看法，仅供你们参考。”

总结这些言辞，可知此类沟通高手对员工说的话，是肯定性的、商量性的、启发性的，特别是言语的启发性，也就是全心投入员工的设想，积极提出问题，这既是对员工的尊重与肯定，也能帮助员工学会找到问题的关键点。

积极提问也在告诉员工领导对他的话题是感兴趣的。除了这种显示自己兴趣的方式，还有其他方式，比如，侧耳倾听、靠近对方，或者倒一杯茶令其继续。在一些细节问题上，还可以重复对方的精彩语句，如果没有这样的语句，也可以为对方找一些精辟的话语。如此一来，效果绝不只是激发员工的谈兴，而是更进一步激发员工的斗志。

领导者若想借交谈之机来引导员工自己定下奋斗目标，可以像上面那样通过提问和赞许来实现，还可以使用激将法。激将法的使用要领就在于不肯定也不赞成，而是压抑。提问和称赞是正激，激将法则是反激。

韩遂让西凉猛将马超引兵伐蜀，诸葛亮和刘备认为唯有张飞可与之一战。张飞早就心急如焚，来到帐中请命。但诸葛亮装作没有听到一般，向刘备夸起了马超的勇猛，并说只有关羽领兵才能对敌。张飞怪军师小瞧自己，说出当年喝退百万曹军的故事。诸葛亮分析了当年与如今的形势差别，又赞马超之勇，说他居然渭水逼得曹操割须断袍，即便关羽来了也未必能胜。张飞火冒三丈，当即立下军令状，出战马超。两人战至黄昏，战马已疲，张飞要求点灯换马夜战，誓要斩杀马超不可。

让将士主动请战和派将士执行任务，结果都是完成任务，为什么诸葛亮要激将而不是派将？因为两相比较，前者完成任务的意愿更强，意愿越强，任务完成的可能性就越大。要注意，对某位员工运用激将法，前提是确定他具有完成某项任务的能力以及一定的争强好胜的性情。否则，激将可能会变成对人才的嘲讽或贬损。

第五章

少责备，多赞美

不求全责备

企业管理者不应随便指责他人，因为正常人都不喜欢被责备，甚至不喜欢被教育，员工也不例外。所以，与员工相处，但凡有其他纠正错误、提升能力的办法，管理者就应尽力避免责备和教育员工。

求全责备这种有伤员工自尊的作风的形成原因有完美主义、高标准、自负、好为人师等。随意批评教育他人是这些内在原因的共同表现。

一句“金无足赤，人无完人”足以否定完美主义的存在意义。对管理者来说，用人的妙处在于扬其长避其短，不能抓住员工的缺点不放。苛求完美容易抑制员工的工作积极性，还可能让人过分谨慎以致裹步不前。不同的员工有不同的才能，有的员工可能多方面表现平平，但在某一方面出类拔萃，这种偏才也可重用，交给他们任务时更不能求全责备。虽然不能求全责备，但见到员工的缺点和不足时，还是要指出来。只是要注意语气，时刻观察对方的情绪反应。

严格地说，完美主义有纵向和横向两方面的表现，横向是要求面面俱到（周到主义），纵向是要求达到超高标准（高标主义）。一律以自己的高标准要求员工，就是又犯了完美主义错误。要求员工做的每件事都达到自己心中的满分，很可能影响员工工作效率。举例来说，下属交上来的报告，清楚明白且没有专业错误就属于合格了，不必要求行文漂亮（文学行业的职业除外）或更加简洁。一篇要求如此之高的报告可能会花掉员工一整天的时间，而按照清楚明白没有错误这个标准，他一天也许可以完成四五份。

对于新成为自己的下属或新来的员工，还可以反其道而行之，也就是降低往常的要求，促使他们适应新环境和找到工作状态。管理者还可以让他们看到自己作为领导也会出错，总之，目的是让新人尽快放松。心里轻松和承受压力两种状况相比，人在前一种状况下更能发挥出应有水平。

自负的人也有多种表现，比如听不进不同意见，经常挑别人毛病，喜欢压倒性胜利等。喜欢压倒性胜利这一点尤其值得一说。人与人的争论，结果不外乎一方真正认同另一方，谁也不能说服谁及一方妥协三种。得到哪种结果都是正常的，不必非让对方承认自己错了不可。也就是说，驳倒对方后要点到为止，不能让对方一败涂地而无地自容。要给别人留下后退和找回面子的余地。同情弱者是人的共同情感。感性发挥作用的时候，理性是没有用武之地的，就是说，辩论时输的那个即便是错的，也会有人同情他。另一方面，胜出的强者未必会赢得人们的钦佩和尊重，反倒有可能让人敬而远之。

有的管理者口才极好，有高超的辩论技巧，能把错的说成对的，把坏的说成好的，他们更要注意当知道自己确实错了时，千万不要动用这种技巧颠倒黑白，而应勇于认错。勇于认错比强行说服对方更能赢得尊重。

好为人师的意思是喜欢像老师一样把员工当成学生来教。有的领导自恃知道得多或者经验丰富，喜欢滔滔不绝当面传授，毫不在乎员工是否厌烦，更有甚者会觉得自己是在对牛弹琴！这是错误的领导方法。员工确实在许多地方需要被教育，但首先要看他想不想接受。生硬传输的方式一般是不受欢迎的。其实，激发这种需要很简单，领导只需在谈话中经常询问员工的意见和态度，把教育变成讨论，把上对下的关系变成了平等关系。

禁止管理者求全责备，并不是否定批评与教育的意义，只是说管理者在照顾员工的自尊和情绪的基础上要注意方式方法，避免引起他们的逆反心理。

宽容员工的冒犯与过错

接受过贵族教育的知名作家列夫·托尔斯泰，从来不摆出高高在上的样子，相反，他喜欢和平民百姓交朋友。

一次，托尔斯泰在月台上闲逛，以此消磨等车的时间。旁边的一列火车的汽笛已经拉响，忽然，车窗里一位女士冲着托尔斯泰大声喊道：“喂！老头，到候车室把我的手提包拿来，我给忘了。”

这位女士没有见过眼前的大作家，只从托尔斯泰朴素的装束上认为他是车站搬运工，所以才会失礼地下那样的指令。托尔斯泰没有生气地置之不理，更没有说明自己的身份，而是快速跑进候车室，把包递给了那位女士。女士谢过“老头”，并打赏了他一枚硬币。托尔斯泰笑纳了这份酬劳。

此时，车上另外一位女士认出了大作家，指出这位“搬运工”的真实身份。之前那位女士顿时无比羞愧，急忙解释，同时请托尔斯泰还回那枚硬币。

托尔斯泰平静地说：“太太，您又没有做什么坏事，为什么会如此激动？那枚硬币是我挣来的，我必须收下。”

托尔斯泰如此处理他人的冒犯，完美诠释了不知者不怪的道理，同时展现了自己宽容大度的人格魅力。宽容的人可以克制内心真正的想法，控制自己的脾气。换句话说，宽容意味着自律。管理者的宽容更是自律的结果。对管理者而言，宽容就是拥有责备或处罚员工的权力但不施行，有条件报复但不报复。当自律成为习惯，宽容就在无形中变成了管理者的内在品质，刻意容忍变成了真正的宽容大度。其实，一名管理者的优点不见得是过人的才干，但他一定要有宽广的心胸。可以说，宽怀大度是对管理者的一项基本要求。

对下属的宽容，首先表现为能容忍下属对自己的不满。领导做到这一点，等于增加一条了解自己不足的有效途径，当然，同时也能更了解下属。反过来说，如果下属从来不敢表达不满情绪或不同意见，这一定是管理者的工作失误。所以美国《中小企业人事管理二十四条》才会明文写道：“记住，如果没有不满，就没有改进。”有不满就有抱怨，有的员工甚至会直接对他所不满的领导发脾气，这就是纯粹的冒犯了，这时候更需要领导宽容以待。

员工犯错时，领导也要学会原谅。

一天下班前的一分钟，卡耐基的秘书莫莉正急着整理他第二天演讲所需的资料，她自以为整理好后就按时下班回家了。第二天下午，卡耐基演讲回来，没有说话，只是一边看着莫莉一边笑。

莫莉问："先生，演讲成功吗？"

"非常成功，掌声雷动。"

"恭喜！"

过了一会儿，卡耐基仍笑着说："莫莉，你知道吗，我打开演讲稿读起来的时候，在座的观众无不开怀大笑。"

莫莉还以为老板在自夸，说："那一定是您讲得太精彩了。"

"事实上，我读的只是一段关于怎样让奶牛多产奶的新闻稿。"卡耐基取出莫莉前一天为他准备的"演讲稿"，递给她。莫莉一下羞红了脸，因为老板当天演讲的主题是如何摆脱忧郁，而这则新闻稿可以说风马牛不相及。

莫莉为自己的粗心道歉："对不起，昨天是我太着急了。这没有让您丢脸吧？"

"没有，事实上我还要感谢你，因为这种差错让我进行了更好的自由发挥。"

卡耐基的做法是非常机智的，他没有说一个指责性的词语，却比直陈其过更令莫莉感到无地自容。他选择了陈述事实，这种方式贵在让莫莉自发认识到错误所在。如果他一味地说"你怎么这么不小心""你让我丢脸了""你长脑子了吗"这样批评的话语，反而会激起莫莉的逆反情绪，让她忘记错在自己的事实。

许多时候，当员工犯错时，管理者会严词批评一番，甚至把员工骂得狗血淋头，以为这样就可以起到杀一儆百的作用，显示出管理者的威严。其实，这样做反而会大大挫伤员工的积极性和创造性，甚至会导致员工产生对抗情绪。

员工犯错后，管理者一定要妥善对待和处理。一般而言，首先，管理者不能再加以训斥，因为那没有用，反而有可能使员工心生怨恨；其次，既然错误已经发生，重要的是把错误造成的危害降到最低；再次，人们犯错之后一般情绪都比较低落，管理者应该适度安慰，帮助他们恢复自信；最后，管理者还要帮助员工反省和总结，避免重犯。

其实，卡耐基对下属犯错的处理还不算高明，下面典故中的主人公才叫高明。

春秋时期，楚庄王设宴款待君臣，席间忽然刮起了一阵风，殿内所有蜡烛都被吹灭，一片漆黑。等待点蜡烛的时候，陪侍的许姬对楚庄王说："刚才有人趁黑摸了我一把，我已经把他的帽带扯断了。求大王现在为我主持公道，命人点灯，揪出此人。"

楚庄王却大声下令道："先不要点灯！"又说："寡人今日与诸位宴饮，可以不拘君臣礼节，大家把帽子都摘了吧。"

七年后，楚国伐郑，一名战将主动请缨，一路奋勇杀敌，大败敌军，直杀到郑国国都。战后，楚庄王论功行赏，才知此人名叫唐狡。唐狡不要赏赐，并坦白七年前宴会上就是自己揩了美人的油，今日舍生忘死只是为了报大王当年不究之恩。楚庄王非常感叹，就把许姬赐给了唐狡。

楚庄王的高明在于当场把下属的悚惧、后悔和感激变成了誓死报效的动力。所以，有时候管理者一个小的宽容之举，就能换来员工的感激和追随。

让员工从抗拒转向接受

管理者驳斥员工的某个主张，宣传一个新观念，安排一个员工可能抵触或疑虑的任务，都是站在员工的对立面。同样地，员工听到指令表示难度太大，也是站在管理者的对立面上。

对立不等于对抗，更不是敌对。问题在于对立极容易变成对抗，任何言辞不当在员工看来都可能是一种不尊重，平等和谐的关系被打破，对立立即变成对抗。所以，管理者需要学习一些说话技巧，与员工接触时避免员工产生抵抗心理，若产生则须立即消除。

无论何种对话，管理者都不该一味解说自己的意见，而是要听听员工的意见到底是什么。也就是说，在表达意见之前先要懂得倾听。你不听别人的，别人也不愿意听你的；就算员工不得不听管理者的安排，他也可能理解不到位，因而不能执行到位。学会倾听或者允许对方说话，就能避免心理对抗。

管理者的有些主张本身就是员工所反对的，给员工安排相关任务时，难点就变成了说服他们。说服术有很多，善于倾听只是其中的一种。只有倾听了员工的见解，才能弄明白他们产生那个意见或态度的原因。原因解决了，问题就不会存在，被说服者就变成了无物的空杯，你的意见才会成为可以倒进去的水。

倾听意味着执着于自己的意见，这样能让对方减少防范。等倾听完再为自己“申请”一个表达意见的机会，这比抢在员工前面表达更能引起关注。举例来说，领导在倾听完员工的意见后可以说：“我已经听了你的意见了，我觉得有可行之处。为了集思广益，我是不是可以说说我的建议？”

领导在员工的职权范围内出谋划策，很可能也会引起对抗，让出谋划策变成指手画脚。领导想让员工听从自己的主张，可以学学下面这个方法。

上星期五，我对我们工厂的监督员杰克说：“杰克，我觉得我们的生产效率还有提升的空间。如果把三号切割机搬到那边去，再添加两个电动卷绕站，你觉得会有什么效果？有什么意见请告诉我。”一天后，他来我办公室，明确指出那样能让生产效率提升5%~10%。人们都不喜欢被告诉应该怎样去工作，而是在所负责的领域由自己做主，也就是按照自己的方法做事。

这个方法最主要的一点是需要足够的耐心和时间。一定要让他有足够的时间思考你的意见，让他看到好处。表面看来，我所做的只是抛砖引玉，但实际上在无形中实行了自己的工作主张。不过，我总是把提议的决定权交给相关负责人，事成之后我也不会抢占功劳。当然，如果他不同意我的建议，我也不会坚持。

这是美国密苏里州的一家电子产品制造公司的副经理凯利·瑞安分享的说服别人的经验。这个方法的巧妙之处在于以提问的形式瓦解了员工可能的对抗。绝大多数人擅长回答问题且更喜欢被提问而不是主动讲解，因为问题本身包含着回答的方向，而主题不定的表达如同大海捞针。因此，以提问的方式表达自己的意见和主张，其实是在投其所好。

当遇到不同意见时，管理者也可以通过提问转移员工的注意力。这个问题最好是关于对方不同意见的，这样才能先把对方的注意力从与自己对抗上转移开，再一步步转移到预期的主张上。

还有更高明的做法，那就是像苏格拉底那样一步步追问，让对方自己发现最初意见的荒谬。苏格拉底通过长期的教学实践，形成了自己的一套独特的教学法，并以自己母亲的职业将其命名为“产婆术”。“产婆术”就是通过问答形式引导人们发现、放弃原来的错误观念，产生新的正确的思想。（这一方法也是以问答的形式进行的，可见苏格拉底深谙提问的好处。）

运用产婆术，不宜把正确的知识或观念直接说出来，而应先向对方提出问题，对方回答错了不要直接纠正，而是提出另外的问题继续引导对方思考，从而一步一步得出正确的结论。由此可知产婆术其实是在启发积极思维活动，它对培养分析能力、推理能力、概括能力都有一定的助益。

苏格拉底曾跟自负的青年人尤苏戴莫斯谈到正义与非正义的问题，这段对话如下。

苏格拉底先后问了虚伪、欺骗、偷盗、奴役别人这些行为应放在哪一边，尤苏戴莫斯都说是非正义一边。

苏：“部队将领率领部队去奴役一个非正义的敌国是非正义的吗？”

尤：“当然不是。”

苏：“那么他的行为是正义的了？”

尤：“是的。”

苏：“如果他为了战胜敌人而欺骗呢？”

尤：“那也是正义的。”

苏：“偷窃、抢劫敌人的财物也是正义的吗？”

尤：“不错。但我开始以为这些非正义的事是加在朋友身上的呢。”

苏：“那就是说，这一类事用在敌人身上是正义的，用在朋友身上就是非正义的了。你同意吗？”

尤：“完全同意。”

接下来，苏格拉底连续问“将领为鼓舞士气欺骗说援军就要来了”“父亲哄骗生病的孩子把药当饭吃”“偷走一个想用剑自杀的朋友的剑”这三种行为该放在哪一边，尤苏戴莫斯都认为应放在正义一边。

最后，尤说：“看来是我错了。如果您准许的话，我愿意收回我刚才说过的话。”

就这样，苏格拉底让尤苏戴莫斯自己承认了错误。在这段引述中，苏格拉底并没有一开始就提出反对意见，就算他提出，以上对话仍会照样发生。

苏格拉底运用产婆术教导学生时，有时还会把对方的意见复述一遍。这既表现了尊重，又使对方作为局外人全面考虑自己的意见。企业管理者也可以运用这一技巧，并在复述过程中强调容易导致错误走向的细节，好让员工意识到自己的主张的不妥之处。

如果不使用技巧来说服员工，则要做到尽量用事实说话，时刻保持理性，不要讲大道理。道理从来不是单独存在的，而是蕴含在大大小小的事情中，通过讲故事来阐述道理是一种非常容易让人接受的说服方式。

如果非要讲道理，最好能把大道理分解成几个小问题，然后逐个提出，并与对方研究，让对方觉得这不再是简单的说服，而是某种专业的探讨。当探讨完所有问题后，他自己系上的铃也就由自己解开了。

某些可以即时证明的道理，就当场付诸行动。因为语言的说服力远不如行动，重要的是还能给对方做出榜样。人有时因不敢而反对做某事，当你把那件事实际做出来，也就给了别人破冰的勇气。

谦逊待人，不吝赞美

日本的社会心理学家古畑和孝曾说：“人们对你的赞赏或敬意，如果不是明显的吹捧，那么，就算只是客套话，你还是很受用。相反，他人的批评或指责，即便是善意指正且符合事实，你仍会长期持有反感态度。”人人都爱听好话，来自莫逆之交的批评，偶尔也会难以入耳。

这不是游谈无根。哈佛大学专家斯金诺通过研究发现，动物的大脑皮层兴奋中心在收到鼓励的刺激后会活跃起来，并积极调动下属的子系统，结果是改变动物的行为。人是高级动物。

每个人都是可赞美的，因为每个人都有闪光点。那些觉得别人不如自己的人，那些自信强于员工的管理者，不是骄傲狂，就是没有发现他人优点的眼睛。而这种发现每个人闪光点的能力，能够成就一个领导者的英明伟大。

企业领导者有了人人值得赞美的观念，懂得了赞美的好处，就要毫不吝惜地赞美员工。不过，赞美员工有许多方面需要注意，不注意就会赞美失当，还可能冒犯员工，甚至招致长久的怨恨。

首先，赞美要恰如其分，不可言过其实。也就是说，不能凭空赞美。对于已有优点的赞美，其实夸张一点也没有什么，但要因人而异。有的人不喜欢夸张，认为夸张就是讽刺；但有的人不会如此敏感，听到夸张的地方也欣然接受。

赞美得越具体，越能表达对员工的认可，激起员工的感激。“你很优秀”“做得真好”此类泛泛而俗套的话，明显没有用心，不会达到理想效果。

赞美也不能词不达意，不能说无足轻重的话。在某公司的一次管理层会议上，主持人向观众介绍一位营销培训师时说：“这位就是刘小英老师，在这几年里，她培训出了好几位销售冠军，也算有点名气了。”最后一句话就让人觉得不舒服。

赞美也不能画蛇添足。“太好了，在一次次的半途而废和失败之后，您终于大获成功了一回！”这里提到“半途而废”和“一回”都是多余的，尤其是后者。

由这些错误的赞美示例可知，学习赞美他人，首先要学习说简洁到位的话，其次才是学说漂亮的话。

用语言赞美员工，不必直接对着员工本人赞美他，也可以在别人面前赞美他，这种赞美法可称为背后赞美；不赞美本人，也可以赞美与本人相关的人或事，这种赞美法可称为延伸赞美。背后赞美和延伸赞美相对直接赞美都是间接赞美。间接的效果比直接要好，因为排除了违心奉承的嫌疑。在第三者面前赞美人，也就是背后赞美，让被赞美者无意中听到，这也要求管理者时时记得赞美，把赞美他人培养成一种习惯。

《围城》中方鸿渐赞美唐晓芙选择政治专业，就是采用了间接赞美的方法。他说："女人原是天生的政治动物。虚虚实实，以退为进，这些政治手腕，女人生下来全有。女人学政治，那真是以后天发展先天，锦上添花了。……女人不必学政治，而现在的政治家要成功，都得学女人。政治舞台上的戏剧全是反串。"他假装一本正经地陈述事实赞美了所有女人，其实还是在赞美眼前人。

赞美的目的是突显他人，能够达到这个目的的不只语言赞美，还可以是通过实际行动赞美。

袁绍败给曹操后，其子袁熙、袁尚向西投奔了曾受恩于袁绍的乌桓。曹操召手下议征讨之事，曹洪等将认为不可劳师远征，因为袁氏刚好以逸待劳，同时刘表和刘备有可能趁机袭击许昌。但是，谋士郭嘉有不同意见，他判断刘表并无大志，刘备虽然暂投其下，刘表却怕刘备喧宾夺主，所以没有重用。另外，二袁和乌桓必须除去，乌桓向来仗着沙漠之隔料想无人敢进犯，一旦出兵必能出其不意一举而胜。最后，曹操采纳了郭嘉的建议，率全军西征乌桓，果然获胜。但庆功宴上，曹操反而重赏了当初提出不同意见的将领，并谦虚地说："之前远征的确冒险，侥幸成功实赖上天保佑。然而各位的主张才是万安之计，冒险之事不可常做。所以我要重赏你们，希望你们不要心生芥蒂，以后照常为我出谋划策。"

将领谦虚居下，哪怕没有采纳下属的意见，下属的成就感也不至于全部丧失。自尊自矜是普遍人性，自高自大是普遍的心理倾向，所以人们相处才会出现无数矛盾与冲突。领导要把员工笼络在自己旗下，让他们和谐共处，首先自己绝对不能自高自大。相反，自己必须谦虚居下，时刻突显出别人的优点与成就。

这一点在现代尤其适用，因为古代是权本社会，领导尚可以凭借强权而非虚怀若谷来笼络人才，但今天就完全行不通了。鸟可以选择自己喜欢的树栖身，树却无法赶走自己不喜欢的鸟；以强权打造出来的一言堂，下属必定多是唯唯诺诺的庸才。

《道德经》第八章有言："上善若水。 水善利万物而不争，处众人之所恶，故几于道。" 这个"众人之所恶"就是居于下位，但领导更应该把自己变成甘于居下的水。他的实际地位已经高高在上了，在言行上承认自己不如他人，其地位不降反升；相反，如果其居高傲物，就有可能发生许攸弃袁降曹那样的背叛，在今天就是出现员工跳槽。

第六章

明确奖惩，恰当激励

严格执行奖惩制度

领导对员工的管理，无论何时都少不了奖励和惩罚这两个环节。员工对企业做出贡献不能不奖，只有付出没有报酬，就不会再有人付出。

不管在怎样的时代，领导都希望员工能够做到令行禁止。促成令行禁止这种良好行为纪律的办法就是奖惩严明。奖惩不明有诸多后果，比如人心不服、人心涣散、互相猜忌等。

李庆明："经理，我今年的考核成绩为什么是乙等？"

姜雨成："有问题吗？去年你就是甲等，今年也该轮到别人了。每年都是你对别人不公平呀！"

李庆明："我今年有5个提案都被采纳了，替公司省了不少钱，按道理我的贡献是最大的。"

姜雨成："不错，我必须承认你总有好点子。但是采纳你的提案后不是给你奖金了吗？提案与考核，两者不能再混为一谈了吧？"

李庆明："但我还是觉得哪里不公平。"

姜雨成："那你到底想怎样？其实不必着急，明年就又轮到你了。"

这段对话中的李庆明是部门主管，姜雨成是总经理。姜雨成的处理方式是典型的奖惩不明。进行绩效考核，以成绩和贡献为唯一标准才是公平，甲等轮流坐绝非公平，反而是糊涂的做法。姜雨成指出李庆明把5个提案算作个人成绩是混为一谈，这也要看具体情况。如果他们公司的考核标准有一条收纳了员工对企业的贡献，就必须“混为一谈”，否则就是对李庆明的不公平。只有明文规定已奖励贡献不重复纳为考核要素，李庆明的要求才算是胡搅蛮缠。有了这次无辜受挫的经历，相信李庆明会对公司非常失望。之后，他的行为倾向有三种：一是无声反抗处处作对，二是忍气吞声工作敷衍，三是愤然离职另投别处。

姜雨成和李庆明之所以会发生上述争论，是因为该企业没有把对员工的奖惩制度化。把可奖惩的行为写进公司规章制度，员工的行为才能有章可循。

一奖一罚，两者缺一不可，有功必奖的同时必须做到有过必罚。因为奖惩是从正负两个方面对员工行为的强化和反馈，奖励是正强化和正反馈，惩戒是负强化和负反馈。奖惩一体两面，对人的行为都有好处，奖励是对某种良好行为的巩固、保持和提高，惩罚是对某种不良行为的否定、弱化和消除。

建立奖惩制度，首先要把构思落实到纸上。无论是日常性的奖惩制度，还是临时性的奖罚承诺，都不能只是口头说说。奖罚的条件、时间、地点、见证者、数量、方法，这些因素都要写得一清二楚，不能含糊。

可列入惩罚条例的行为，没有统一标准，要看最高领导想把企业打造成什么样子。以中国十大杰出培训机构之一的世华集团为例，该公司有8大禁令，分别是：（1）禁止没有工作状态；（2）禁止联合对抗，一旦员工联合起来对抗公司，公司将不顾法不责众的惯例辞退对抗者，牺牲优秀员工和高收益项目也在所不惜；（3）禁止私下接单；（4）禁止泄露公司机密；（5）禁止内部恋情；（6）禁止财产和情感的纠纷，也就是出现财情纠纷的人将被辞退；（7）禁止渎职；（8）禁止从事违法活动。统观这些禁令，可推测出世华对理想员工的期待是守法敬业、积极尽职、忠诚无私。

建立奖惩制度的原则有：严格、公开、公平、适当。严格就是奖惩制度确立后，有功必奖，有过必罚。公开即指相关条例是公开透明的，奖惩时也要尽可能当众执行。公平就是制度下的所有人不分等级高低，不能出现功而不奖、过而不罚的情况，唯制度是从，连总经理也不能例外；公平的前提下奖惩也会有所区别，比如不同级别的人应该接受相应程度的奖惩，这一点要在条文里明确。适当就是所给的奖励或惩罚与情节相符，太过和不到位都不能达到激励效果。

确立明确的奖惩制度后，要严格执行。制度犹如法律，法不容情，不能照顾与某人的私情而罔顾制度。治企犹如治军，应当法在先情在后。其实，无论治什么，一旦谈到治都要讲究一定的法度和道理，人情只能放在其次。

奖励员工的原则和要领

人人都想得到奖励，也需要奖励。可以说，人的每一个行动都有意无意地期待着被别人肯定，这种需求得到满足就会令人愉快。相反，否定和惩罚则是人们所避讳和拒绝的。

可是，企业领导者不能止步于有功必奖。要不要奖、怎么奖、奖多少，都要慎重思考才能做出决定。也就是说，奖励员工，有必须遵守的原则和要领。

第一，考核标准要统一，不能有特例。物质奖励应以考核结果为唯一标准，不能凭个人喜好决定。对某位员工进行破格奖励，不等于破坏这一原则。首先，破格奖励不能多发，否则就不是破格。其次，破格不等于不该奖的奖，而是公司规章里没有写明某种贡献该怎么奖励，这时可由领导根据自己想要达到的目的做出决定。按规定本该奖10000元，实际奖励15000元，也算是破格奖励，这时同样必须说明破格的理由或目的。

第二，奖励额度不能一步到位，而是阶梯式递增。这么做的目的是最大限度延长物质奖的激励作用。比如说，如果员工完成1万元的业绩，可以奖励其中的8%；完成2万元的业绩，奖励10%。以此类推，逐级递增。如果一次性承诺完成2万元就奖励15%，一来这个目标可能让人望而却步，二来奖金的激励效果也不会太持久。

第三，如果要做“事成之后必有重奖”这种承诺，领导最好是在公众场合下许诺。当众许诺会广泛激起员工的积极性和求胜欲，领导才可选出最能胜任的员工；即便选谁执行已经确定，也可以当众许诺，因为这还能有效防止领导事后不兑现承诺的可能发生。

第四，领导做出的奖励承诺必须履行。一次的失信于人，就会给个人信誉造成一道裂痕，如不避免，整座信誉之塔就终将崩塌。不能取信于人，员工未来的工作就没有执行力。冷落人心丧失员工的忠诚，也就是说失信的后果最后都是由失信者承受的。

第五，在信守承诺原则的基础上，第一时间进行奖励。

2005年6月30日，某公司在西安市体育馆举办5000人的“如何成为销售冠军”的演讲会。为了这次盛会，公司的每一位员工都准备了很久，总裁也做出承诺，大会圆满结束后一起聚餐玩乐。但总裁突然受到一个支持单位的邀请，可能会缺席全体聚会。于是，西安公司的总经理建议把庆祝安排到第二天，但总裁否决说：“坚决不能等到明天！必须让大家在今晚玩个痛快，玩得尽兴！哪怕今天要玩到凌晨三点，明天全部休假都可行。你们先选一个地方，我会尽快赶到。”

军心士气是作战成败的关键，员工的积极性是工作成败的关键。调动员工的工作积极性，首先要打动他们的心。心理学研究表明，在人们渴望获得某种满足时给予的满足，最能打动人的内心。所以，承诺过的奖励，一定要在员工达到条件后的第一时间兑现。道理很简单，按规定应该10号发工资，拖延到15号就是对员工的失信；对于月光族来说，这种失信甚至威胁其生活水准，有可能一次就让他们产生跳槽的想法。所以，奖励一定要及时。

除了这些原则和要领，在每一次的具体执行上，管理者还必须遵守由下而上的奖励原则。这就是说，进行奖励时，首先应奖励第一线的员工，自己应得最少或不得奖励。

把握激励目的，灵活实施奖惩

人员管理工作对领导的眼光和头脑都是极大的考验，所以，公司的奖惩制度一旦确立，许多领导喜欢固守，不愿意改进。这符合人的共同惰性，是人之常情，但是，领导之所以成为领导，就是因为他们比员工更能时刻克服自身弱点。所以，企业领导不能仅满足于把握奖励的原则和要领，还要学会及时变通，灵活运用。

一切活动都源于和归于它的目的，灵活运用奖惩也是如此。奖惩员工的目的包括激励员工，或激发其产生更高的斗志，或令其忠诚于公司，或令其感到羞愧改正恶习。目的位于原则和要领之上，是灵活运用一种手段的最终依据。

例如，管理者对公司禁令的理解与运用。禁令虽然听起来比较冷酷，但可以通过灵活的执行增加一些人情味。以“禁止没有工作状态”这样一条禁令为例，消极的工作状态有较强的传染性，情况严重的可能破坏整个公司的风气，于是在员工出现没有方向、思路不清、不求上进等消极状态时，领导可以临时给他们放个假，让他们回家好好休息或出门游玩，并要求他们休息、游玩之后必须找回状态。放松了又没有找回状态，就要受到处罚。不过，要不要这样执行，也要视错误情节和员工品性而定。所谓的人性化制度，其实只对荣誉感强、自觉性高的员工有效，对懒惰无比、态度不正的员工是没有用的。对于后者，有效的办法是用惩罚纠正坏的行为习惯。

原则虽然是硬性的，但不等于生搬硬套和墨守成规，只要能够达到目的，又不会严重丧失民心，原则偶尔也是可以被打破的。比如说，犯错误的员工也可以不罚反奖。把错事当成好事来奖赏，有时更能激发员工的羞耻心，进而提高其自觉性。

常州时代家具城有限公司有一套非常独特的奖惩方法。对于犯错的员工不但不施加罚款、降职等惩罚，反而给予他升职奖励。董事长李晓萍解释说："员工犯了错没有关系，关键是怎样让他们认识到错误，并通过知错改错来提升自己；当局者迷，但换一种身份和角度也许就能发现问题，找到解决办法。"

这种升职一般是临时的，其目的就是让犯错的员工做一段时间的管理者，在此期间他的主要任务是观察和发现问题，直到找到一个犯同样或同类错误的同仁。举例来说，有一位女营业员经常迟到和早退，她的领导发现后，让她做临时主管，她在任职期间每天提前10分钟到岗，最后一个下班，指出与她原来犯同样错误的同事并教育其改正。

奖惩的内在作用对象是员工的荣誉感和羞耻心，而李晓萍巧妙地运用员工的这种心理，通过让员工尝试人员管理达到了预期目的。这种方式显然比直接批评和惩罚让人更易于接受，员工在参与管理的过程中意识到自己的问题，这种意识比领导直接教育后得到的更深刻，其影响力也更持久。同时，如此不罚反赏，也让员工体谅了领导的难处。

以上所说是实施上的灵活，其实奖惩条例本身也不是一成不变的，而是应该顺应时代而变化。

对不同员工采取不同的物质激励

在公司最高领导眼里，自己以下的所有工作人员都是员工，有的在管理层，有的在基层。奖励的目的是激励员工积极努力地工作，这就要求老板们必须知道员工为了什么而工作。工作动力的来源，是对员工实行差别奖励的根本依据。

按照工作动力的来源，员工分为以下5种。

（1）基层员工里的平庸工作人员。其动力来源一般只有薪酬。

（2）渴望不断进步的员工。其工作动力源于上进的愿望，上进既包括工资增长，也包括职位提升。

（3）争强好胜的员工。其动力源于竞争的乐趣，当然还有胜出后个人价值得以实现的成就感和荣誉感。此类员工也许已经成为部门领导，也许还在基层。

（4）创造性员工。他们的职位同样不固定，但共同特征是非常有主见，创造力极强。其动力源于自主性和个性化。有些领导说他们不是真正的创造性员工，只是有想创造的心，即便这是事实，也应予以满足。因为创新是企业进步的根本动力，拒绝创新欲望等于放弃进步，沦于平庸。

（5）想做老板的员工。他们的动力来源比较复杂，可能像第二种员工一样，还可能是其他方面的自我实现需求。这种员工一般已经位于较高管理层，奖励手段是分红、升职和更高福利。

下面以年终奖为例说明老板应该怎样对不同类别或级别的员工进行物质奖励。

首先，必须要设置年终奖。当大多数公司都有某种奖励时，自己的公司没有，很有可能陷入人才流失的困境。况且，年终奖是对员工工作表现和贡献的肯定，也是帮他们做了一个年终总结。

年终奖的发放是一门学问。发得多了，管理成本增加；发得少了，员工工作积极性受挫。一次性发完，有些员工可能会开春跳槽；扣留一部分，员工又会有情绪。总的来说，年终奖的发放原则是有针对性的差异化。不同级别的员工会为公司做出不同程度的贡献，贡献是年终奖的首要依据。级别不同，需求也就不同，对年终奖的着眼点就不一样。但是，级别不是唯一依据，性格也是一个不可忽视的因素。有些基层员工有当总经理的志向，时刻在关注着公司的发展，显然只给他现金奖励是不够的。

高层领导比较容易看到企业的发展情况，较高年薪和各种福利已经没有太大吸引力。在给他们发放年终奖时，应强调对他们的激励和约束，采取“货币+事业”的组合。为了让薪酬匹配他们对公司做出的巨大贡献，还可以给他们一定的股权。

这一年终奖形式中的货币，自然可以是现金，更应是期权、股权等可增值货币。现金能够达到直接的奖励效果，但维持时间较短。期权就是允许高管在一定年限内购买的公司股票，并在他们认为合适的时候售出。显然，期权的激励效果能够维持很长时间。事业方面的年终奖励主要有升职和精神表彰。比如在年终大会上给表现优秀的高管以荣誉称号或颁发证书，再比如委某人以重任，把副职转正。

中层管理者的需求是职业发展和能力提升，以及在企业的归属感和在工作中的愉悦感。所以，给中层管理者的年终奖可采取“货币+认可+发展”的组合。

现金方面不必多说，事实上，除公司最高领导以外的员工都需要现金激励。除了现金，还有一些货币形式适合作为对中层管理者的奖励，它们是消费卡、住房补贴、出国旅游等福利式货币。认可中层管理者的方式，可以是真诚的赞美与感谢、邀请其出席高层会议、写信给其家人表示感谢等，还要给他们创造多元化的晋升渠道，提供培训和发展的机会。

基层员工关注的一般是基本的生活需要，现金和实物对他们就能起到直接而高效的激励作用。也就是说，给基层员工的年终奖的恰当组合是“货币+实物”。

为激发基层员工的工作积极性，应一律发放年底双薪。因为这种直接的奖励如果只发给少数人，非但不能激发员工的积极性，甚至还可能激起员工与员工、员工与老板之间的怨怼。也就是说，双薪必须平均。可以差异化发放的是在年终一起发放的绩效奖金，因为其是依据不同员工的考核成绩以及对公司的贡献发放的。发给员工的实物，一般必须是实用且可以立即使用的，同时具有纪念意义的更佳。

精神激励与物质激励并重

领导对员工的激励，分为精神激励与物质激励两大类。激励行为原本就倾向于精神层面，或者说，其最终目的都是激发员工的精神。

人们提起“激励”一词时，首先想到的是语言上的肯定，而不是金钱或某种实物的给予。可以说，物质激励是无言的精神激励，精神激励是物质激励的绝佳助攻。但是，由于物质激励是无言的，也就是没有直接表达出希望员工更加积极努力工作的意思，久而久之可能会变成一种空洞的形式，达不到最初的效果。

精神激励与物质激励还有一个差别，那就是物质激励有刚性且存在边际递减效应，即该种激励长期持续达到一定量之后，再施加激励的话，取得的激励作用不增反减。而精神激励比较柔和，但比物质激励效力更大、有效期更长。

物质激励最大的特点是实在，由于实在的东西是直指人心的，所以这一特点也是它相对精神激励的优势。假设某位员工超额完成领导定的月目标，这位领导说一百遍“表现不错”“我就知道你能够成功”，都不如奖给他一些现金。精神是虚的，物质是实的，精神需要寄托在物质之上。正因如此，绝大多数庆功宴上会有奖金和标志性的奖杯。

最常见的精神激励是口头上的。

松下电器的创始人松下幸之助，经常激励员工说："只要有60%的可能，就大胆尝试吧！"松下曾经有一名年轻的职员，他进公司才两年，却被委以重任——用300万日元成立金泽分社。松下幸之助鼓励他说："你要相信自己能够做到。世界上没有什么事是人做不到的。试想加藤清正、福岛正则这些古代武将，明治维新时，他们哪个不是十几岁就开始闯荡？而你呢，你已经20多岁了！不用担心，没有什么是你做不到的。"

口头激励的要领很简单，就是领导应对下属或员工表现出足够的信任。相信员工有能力完成自己所期望完成的任务，就给了员工行动的勇气。听说或面对一项任务时，每个员工都有一定的尝试的欲望，只不过有的人习惯被领导任命不敢毛遂自荐，有的人习惯知道工作程序后才敢接手。有些领导也是如此，没到他认为成熟的时机就一直把任务压在自己手里。然而，时机永远没有百分百成熟的，只要能找到最可能胜任的员工，领导就应该立即授权给他，并用鼓励的话打消他上阵之前最后的不自信。

除了口头激励以促使员工完成某项临时任务外，还有许多其他形式的精神激励。尽管口头激励的目的多种多样，但万变不离其宗，都是为了激发员工的工作积极性和主动性，提高其职业能力，帮他们进步的同时使公司发展蓬勃向上。这些精神激励有：设立多种荣誉奖项，覆盖大多数员工，常见的名目有突出贡献奖、优秀员工奖、有责任员工奖、最佳新人进步奖等；利用企业内刊、QQ群等内部公共平台表扬、宣传先进员工；为追求上进的员工创造培训或深造的机会；举办与家长会性质类似的员工亲属大会，并在会上当面赞扬员工；在员工的生日当天送一张精美的明信片或其他小礼物，还可以为其举办一个小型生日聚会。对员工来说，领导的关怀都不是轻易能够遗忘的小事，如果是第一次，甚至会受宠若惊并保持长久感动。所以，精神奖励能够扶正人们的内心，克服物质奖励的副作用。

综上所述，物质奖励如果不辅以精神嘉奖，就太物质，容易使人唯利是图；精神奖励如果只是口头赞扬，就显得太苍白无力，让员工没有成就感，因而没有干劲，还会让员工怀疑领导吝啬。所以，企业领导对员工进行激励时，要做到物质奖励与精神奖励并重，不能偏废。

第七章

授权员工参与决策和管理

授权是有益的

士兵问将军："什么人适合当领导？"将军说："聪明又懒惰的人。"这话很有道理，管理者不是做具体事务的人，而是具体事务的统筹监测者。成功的管理者不是整天忙碌的人，而是既能悠然自得又可掌握一切的人。

把自己手上的部分权力交给下属或员工去行使，就是授权。授权分为临时性的和常设性的。一个公司有最高领导和部门领导，常设的部门和部门领导就是对最高领导权力的分配——企业组织结构的存在已经说明授权或分权是必要的。常设性的授权也可称为分权。临时性的授权一般发生在某一临时工作任务中，授权者既可以是最高领导，也可以是部门领导，被授权者一般是某位员工或低层管理者。本章所提及的都是临时性的授权。

通用总裁杰克·韦尔奇曾在公司开展一项群策群力的活动，让所有员工为了改进工作效率而想办法提建议。在各执行部门当中，抽取不同层次不同岗位的工人和管理者，到宾馆参加为期三天的会议。第一天，会议负责人介绍此行的目的、方法和程序，然后让与会者分小组讨论。第二天同样是讨论。第三天，各小组报告讨论结果和建议，部门管理人员当众与员工探讨，并当场取得一个结果：或者拍板同意员工的建议，或者否决，或者得到证据不足需要深入了解情况的结论，但要当场确定哪天给出答复。员工讨论期间，部门管理人员只能仔细倾听，有意见可以记下来，但不能在前两天发表评论。第三天的商讨以问答方式进行，问答期间职工与上司背对背，这样一来，大家都会把注意力放在如何解决问题上，而不必考虑其他的。

对手中权力严重依赖的领导者可能会有这样的疑问：一家企业为什么要如此大费周章地尝试让员工参与管理和决策，而不把这些时间用在正常的企业经营和员工管理上？这是因为，让员工参与管理和决策，也就是授权给员工，是一种利多弊少的活动；如果控制得好，甚至有百利而无一害。

授权给员工有诸多好处，比如，让领导腾出时间思考怎样更好地管理、发现下属的才能、锻炼人才等。最大的好处是让员工对公司有更强的归属感，觉得自己是公司的主人。这样的企业工作效率高，气氛和谐愉悦，将永远立于不败之地，也能无往而不利。

授权本身是一种激励，有助于提高员工的工作热情。在一般理解中，管理活动是针对人员的，然而每个人都有管理的欲望，因为参与管理是身份与地位的象征。即便没有身在其位，领导让员工临时参与管理，也说明了他对员工的器重，这种成就感是其他日常收获所不能比的。美国心理学之父威廉·詹姆士有一句名言：“人类骨子里最深远的驱动力是希望具有重要性，渴望被肯定一直是人类本质中最殷切的需求。”

让员工管理，还能有效缓解员工与管理者之间的矛盾。韩国有一家工厂，工人与厂长之间的矛盾激烈，厂长试过其他办法均无效之后，在厂里推行了“一日厂长制”。具体操作是在每周三挑选一名员工来做厂长，从事听取车间进度汇报、巡视各部门工作情况、在办公室处理公文和报告三项工作。结果，工人对厂长的态度明显好转。这其实是一个互换立场的过程。有矛盾时，员工自然是站在自己的立场上来思考发言，当上厂长后，他的立场很快变成了管理者的立场。也就是说，参与一种与自己以往从事的完全不同的工作，就像新人接触新事物，最能发现问题，也最能转移以往的注意力。

不但管理活动可以临时授权给员工，公司的某些重大决策也可以邀请员工参与讨论。管理者要注意的是：最终决定权不在他们。对员工而言，参与决策是一个学习和提高的过程。而且，正确有效的决策本身就要求足够多的人参与讨论。不同人考虑问题的角度不同，头脑风暴也因人而异，让更多的人了解情况参与讨论，制定出来的决策就更全面和稳妥，特别是需要基层员工的参与，因为他们掌握的信息往往是第一手的，其意见也更为实际。对领导而言，员工的参与也是一个让他发现自己不足，同时也能帮他发现优秀员工的过程。作为管理者既要考虑问题又要倾听员工的心声，他其实是站在了比以往更高的位置上，所以看得更全面、更深入。

领导必须学会授权

领导需要在自己无暇或做不了某些事情时授权给员工。总有一些事情，员工比领导做得更好，即便领导是一个非常全面的人才。况且，领导的时间应该花在人员管理上，所以总有些事是他无暇去做的。

管理者尤其是最高领导，必须学会授权。这首先是领导身份所要求的；其次，授权利大于弊，不授权则弊大于利。

不授权给员工最大的坏处是损坏自己在员工心中的形象，令其产生不良情绪和以下想法：觉得自己可有可无；领导是一个独裁者；领导有极强的权力欲；在这样的部门工作毫无自由；有才能却施展不出来。

事必躬亲势必效率低下，就算凭借天纵之才一时高效，长此以往也必定难以支撑。三国时期位极人臣的诸葛亮，虽然是一位成功的管理者，但不是一位成功的领导者，因为他不懂得授权这门领导艺术。蜀汉后期出现“蜀中无大将，廖化充先锋”的局面，其实应该归咎于他。绝顶聪明的诸葛亮的疏漏之处在于没有让手下人参与重大决策，致使他们得不到锻炼，形成了整个蜀汉对丞相绝对依赖的局面。

事必躬亲集权于己，后果是时刻忧心忧虑，当自己支撑不下去时，才猛然发现后继无人。诸葛亮临终前对姜维说：“吾本欲竭忠尽力，恢复中原，重兴汉室。奈天意如此，吾旦夕将死。吾平生所学，已著书二十四篇，计十万四千一百一十二字，内有八务、七戒、六恐、五惧之法。吾遍观诸将，无人可授，独汝可传我书。切勿轻忽！”“无人可授”四个字透着不可言说的悲哀，选择姜维继承兵法绝学未尝不是一种勉强。

再比如，首出祁山伐魏时，魏延建议率五千精兵越秦岭直捣长安，却被从不行险的诸葛亮否决，理由是万一被魏军发现，五千军士必死无疑。其实，以诸葛亮的智谋，侧应和掩护这五千人并不是难事，一旦奇袭成功，北伐将势如破竹。与魏兵交战死伤的军士又何止五千？魏延在诸葛亮病薨五丈原后夺兵权，虽说是因为天生反骨，但与长期受到压制也有一定的关系。诸葛亮不是不知道自己手下的才干和性情，不授权于人当然有自己的苦衷，但事实不容忽视：他的事必躬亲遮蔽了太多蜀中才俊。

与诸葛亮相反，东吴的孙权不但放心授权给自己的臣下，甚至做到了绝对信任，竟当众声称自己也可以听命于东吴的大都督。

关羽、张飞之死都与东吴有关，刘备亲率大军为两位兄弟报仇。蜀军虽然千里远征，但到达彝陵时剑锋不挫，眼看就要攻下彝陵。在这危险之际，孙权起用了陆逊。他请陆逊做东吴的大都督，陆逊并没有推辞。但陆逊担心自己资历浅文武不服，孙权就授予他王剑，允许他先斩后奏。陆逊请主公当着众将官的面授权给自己，孙权又听从了阚泽的建议，效法古礼，命人连夜筑起高台，亲自登坛拜将，授陆逊以大都督兵符，并说“阃以内者寡人制之，阃以外将军制之”，意思是“宫里的政事我说了算，外面的战事全凭你做主，如果需要我配合，我也无不听从”。

公元前208年，孙权亲自率军围攻合肥，派张昭等人攻打当涂，两条战线都不顺利，最后只得退军；公元前214年，孙权与凌统、甘宁等在津北和曹军大战，被魏将张辽打败……这些足以证明孙权自知军事才能不高，但是，他精通用人之道，早期体现在他对周瑜、鲁肃、吕蒙等人的任用上，后期体现在他专任陆逊，用一把大火击退了刘备的复仇大军。

孙权的事例对企业领导者的借鉴意义，首先在于人贵有自知之明。领导者不等于全能，故而不必事事亲力亲为。就算某位领导是全能的，他也要懂得授权给下属，因为他的身份和地位要求他把自己从具体事务中解放出来。

授权给员工是必要的，懂得这一必要性的领导才称得上是好领导。

授权的基本原则

授权给员工需要审时度势，看看自己的企业或部门是不是适合授权。

对尚在发展阶段的公司来说，分权时机还不成熟，领导不授权给员工或许是正确的选择。企业也有自己的生命周期，一般是发展、成长、成熟、衰退四个阶段。在发展期（或称创业期）和成长期，一般应该集权，规模扩大并成熟后，才适合实行分权，即把公司分成不同事业部。要注意，常设不等于永不变更，当看到各部门各自为营脱离控制时，就该再次集权。

临时性的授权也讲究一个时机，不过不再以企业的生命周期决定，而是员工的职业生涯周期。也就是说，授权员工主管某项具体任务，要看下属或员工的成熟度，即他们完成这一具体任务的能力和意愿强度。员工越成熟，领导越应该完全授权，也就是从指导帮助转为让下属自主参与。当员工进入职业生涯的成熟期，临时性授权应该变成长期分权，即让他们长期主管一个项目或部门，领导几乎不再干预。

除了时机和员工才能这两个方面，企业领导者不愿或不敢授权给员工的理由都是不成立的。他们的诸多理由其实都是对授权的错误认识，例如有的领导固执地相信领导必须拥有绝对权力，因为权力是威严的保证；更优秀一些的领导，已经看到授权的好处和必要性，但害怕自己不能控制好授权过程，以及任务完成后不好收回权力。无论出于哪种认识误区，纠正错误认识才能正确而高效地授权，以期员工管理更高效，企业运行得更好。

不肯授权也可能纯粹是领导者嫉贤妒能。这样的领导害怕下属做出贡献功高震主，所以成功的授权与这样的领导无缘。授权行为首先要求领导具有广阔的胸襟。在大度的管理者看来，自己的属下超过自己，才是他作为领导最大的喜悦，这一点和非状元的老师以状元学生为荣是一个道理。

能够站在有资格授权员工的领导地位上的人，胸襟自然不会太狭隘，难的是他在员工完成任务的过程中总是保持宽大的胸怀，特别是员工接近成功掌声渐起的时候。包容员工是纯粹的自我约束，他人的掌声对被授权者却是外加的支持，此时往往是领导权力欲望极炽的时候。那些嫉贤妒能的领导，搞不好就是经历了几次这种场合才开始不愿授权的。解决办法是：领导理智地提醒自己这掌声也包括对自己的支持。

把某项工作交由某员工全权负责，要遵循授权不授责的原则。就是说，领导分给下属的只是权力，而不包括责任。员工领权执行你托付他的工作，如果由于他的差错把事情办砸了，领导一定要先把责任揽过来，即便责任确实应该由员工来承担，领导也要承担用人不当之责。对这一责任领导须在下属应担责任之前承担，不承担这一责任就无权责备下属。无论何时，领导永远对员工负有管理责任。员工在工作中犯的任何一个错误，领导都有失察之责。诸葛亮错用马谡痛失街亭，让刘禅撤除自己的丞相之职，就是因为他有用人不当的责任。

然而，许多领导会走向另一个极端，就是授权后对员工过分监管，这样还不如不授权。领导在授权以后就不能约束员工太多，即便是出于对下属出错的担心。领导只要把程序和要领交代清楚就行，要给下属自由发挥的空间和试错的机会。领导还要克服习惯，不要见到员工与自己的处理方式不同就指手画脚。下属的自由是他可以按照自己的喜好或习惯选择具体的工作方式，而不是纯粹执行命令或模仿授权给他的领导。

领导授权给员工不等于放任不管，而是让员工代自己完成一部分任务；不是把权力全部给员工，而是给予工作相匹配的那部分。有些领导做什么事都想一劳永逸坐享成果，这其实是一种要不得的惰性。这种领导往往还会犯上面提到的授权同时授责的错误，被授权者任务失败时，他们的第一反应不是设法补救和承担自己的领导责任，而是责罚被授权者。授权难就难在需要领导在放任与监管之间不断寻找平衡点。

任务明确，责任权限也就明确。为避免无从追究责任的情况出现，还要注意同一项权力只能分给一个人，不能重复交授。

让员工参与重大决策也是一种临时性授权，有以下三个原则必须遵守。

第一，当员工提出不同的意见时，领导不能立即反对，更不能批评。领导应能委婉就委婉，能温和就温和，毕竟员工没有相应经验，犯一些管理层认为的常识性错误也属正常。

第二，为得到最好的决策，主持者一定要鼓励每个人大胆发言，特别是鼓励发表不同的意见。

第三，公司的最高领导，一般是总经理，不能参加这种会议，即便必须参加也不能主持会议。因为总经理本身对员工而言就是一种压力。

正确授权的步骤及要领

授权也是一个选择人才的过程，所以，授权之前，领导要事先详细了解员工的能力、思想动向、性格优劣等方面。对员工越了解，越能保证选对人，任务完成过程中越能避免出错。

在选择人才进行授权上，领导者要考虑到被授权者至少要有一项才能在自己之上。这样做首先是为了堵住悠悠之口，毕竟才能突出才好服人；同时，这也是授权后信任并支持被授权者的基础条件，没有领导会看好并重用处处不如自己的人。

奥美广告公司创始人大卫·奥格威曾在公司讲述用人之道。他把一个俄罗斯套娃摆在众董事面前，并要求他们把娃娃当成自己，然后让他们把这个娃娃一层一层地打开。当只剩最小的娃娃时，只见上面写着："总是雇用不如自己的人，奥美就会变成一家侏儒公司。如果总是雇用强于自己的人，我们将来必定会成为巨人公司。"在众人不解之余，他解释说："我发现在传媒上我并不是一个全才，不是在这个方面没有兴趣，就是在那个方面学不会。在电视节目排序、财务、行政、广告制作等方面，我尤其不合格。正因如此，我聘用的人都是在这些方面比我强的人。”

授权时，领导要让被授权者对自己的权限一清二楚，也就是清楚说明其该做哪些工作，以及在怎样的范围内可以自主决策和支使相关员工。这是授权工作的重点。只提供模糊的方向，会让下属无处下手。对于第一次接受某任务和尝试管理的下属，领导尤其要交代清楚。完成任务需要什么权力就授予什么权力，不可过多或过少，过多则容易导致被授权者滥用权力，过少则难以完成任务。

初次被授权的员工，由于没有经验会非常紧张，很容易出错，所以应授权让他们执行一些简单的事务性任务。当他们树立信心、积累经验、掌握技能后，再逐渐授权给他们更有分量的任务。

授权于人的领导有责任防止权力被滥用。虽然要在下属出错时代员工主动承担责任，但在授权时必须强调权力与责任的匹配。就是说，分给下属权力，也要让他明白应当承担的责任。没有监督，也没有其他形式的约束，任何权力都会被滥用。这是为了让被授权者足够谨慎。

授权一定要公开进行，让相关人员都了解被授权者的权力范围。而且不能只是口头安排，必须要有授权书、委托书、备忘录等书面凭证。领导还要与被授权者制订赏罚细则，而且最好也是当众以书面形式呈现。这样既能使员工时刻警醒，也便于领导在追究责任时有据可依。当然，追究与否和怎样追究，到时可以视情况而定，这一纸凭证的主要作用是督促员工，而不是给领导一个控制员工的把柄。

为达到这种督促效果，授权时领导必须规定员工应在多长时间内完成任务，还要言明必会考核其业绩，以及说明考核的标准和方法。这既是为了鞭策下属，也是为了帮他找到办事思路。

交代任务后，要问问被授权者的初步实施计划，比如问他“你打算从哪里开始”“你首先会做什么”，不能问一句“你明白了吗”了事。第一次从事某件事，一般人都不知该如何下手，所以了解员工心里的实施计划，能够及时发现问题并给予必要指导。

授权后，领导应在下属工作过程中，经常留意员工的工作状态，适时提醒，给予必要的指正和指导。当然，前提是不要让被授权者感到被管束。不过，即便善意的提醒也可能被解读成不放心的插手，所以不妨在提醒的同时给予一些肯定和鼓励。

工作进程中，若员工真的遇到困难，领导应首先鼓励和激励员工，等他实在没有办法时再帮助他解决问题。这样一来，既能保证任务基本顺利完成，又能最大限度地锻炼员工。同时，员工也会感激领导的平和宽容。

除了书面凭证或当众承诺的督促，员工完成任务的过程当中，授权者也要进行必要的监督。监督的目的有两点：一是及时发现并解决问题，以保证工作进度；二是避免员工狐假虎威滥用权力。

为了避免执行者频繁越权、颐指气使、偏离目标等问题的出现，领导要及时保留收回临时授予员工的权力。也就是说，不能把授权当成一次性永久的分权，而只能当成临时性的代理。

不定时的指导尚且会使被授权者感到不自由，更何况还有中途监督和收回权力的限制。可以说，授权让员工和领导都如履薄冰。领导承受这种压力是责无旁贷的，不仅如此，他还要缓解员工的压力；员工在重压之下执行任务，很可能由于紧张而犯错。帮员工缓解压力的办法有很多，其中领导对员工的态度很重要。在完成整个授权任务的过程中，除了特别需要强调的地方，领导都要做到平易近人，所说的话要尽可能是鼓励性的，尽量不批评，更不要指责。批评和指责应放在任务完成后的评估环节。

为帮助员工减小执行任务时的压力，企业制度建设方面也可有所作为。企业制度必须为授权创造条件和环境。具体来说，企业文化要强调信任、宽容、互帮互助、人人积极参与；要建立健全监督机制，使被授权者难以背叛公司；完善考核与奖惩机制；形成良好的沟通习惯，确保信息正确而全面地传达。

员工完成任务后，领导必须进行评估和总结。凡事无论成败，都要有一个结论性的说法，这对员工其实是一个把经验转化成知识和技能的过程。

职权相称是团队组织的一个基本原则。职权相称说的是权力与职位的匹配。“匹配”二字有两重含义：第一，权力只属于职位，而不属于个人，某一职位上的管理者只是在按规定行使权力，绝不能恣意妄为；第二，领导把某人安排在某一职位上，就必须把相关权力全部交给他，不能随意收回。

授权后要充分信任员工

一家餐饮企业的老板聘请了一位总经理，签订合同时老板允诺这位总经理可以全权做主，自己不会过多干涉。但几天之后，这位老板再也按捺不住，指出了自己早就认为总经理处置不当之处。而且，此后的每一天，他都以一个前辈的身份“教导”这位“新人”。总经理耐心解释，但他不听，把高薪聘来的总经理降级成了大堂经理。即便如此，他也没有放手让其展开工作，最后，这位职业经理人愤怒地辞职了。

这位老板聘请总经理的初衷是缓解自己一天到晚不停忙碌的状况，辞退这位人才后，自己果然又开始焦头烂额，酒店的经营也没有改进。两个月后，他只好再次请这位职业经理人出山，但遭到了坚决拒绝。

对于这位餐饮老板，应有一个他的亲信提醒他时刻不要忘记另请高明的原因和目的，更好的办法是建议老板参加一些管理培训课，学会怎样用人。

对领导授权让员工参与管理的过程来说，从一而终的信任是必需的。这首先要求领导不要像上述事例中的老板一样忘记初衷放纵自己爱插手的毛病，还要求领导不要相信流言蜚语，不因没有证据的谣言而收回已经交授的权力。在被授权者遭到怀疑时表示信任，说明领导宽容大度、慧眼识人。自己信任的人也往往会不负所望，而且事后可能会成为领导的竭诚追随者。不负所望的原因是对被授权者的信任激发了他的热情和潜能；之所以事后追随信任他的领导，是士为知己者效命的心理规律在起作用。

授权员工完成某项任务，特别是自己无能为力的任务时，领导应做到对被授权者绝对信任。即便员工真的出现了一定的失误，除非造成了不可挽回的损失，否则就不能立即收回权力。相反，领导应帮助被授权者总结改进。

其实，不只授权活动需要领导对员工的信任，日常的企业管理也需要上下级相互信任；况且授权本是企业领导管理活动的一部分。信任是企业凝聚力的重要指标。成员之间不能互相信任的组织是离心离德的，它不可能有什么战斗力，可能离解散也不远了。

有了信任，管理才能顺利进行。信任下属能激发他们全力以赴的工作热情，因为人都有被信任的心理需求，这种需求被满足才有收获快乐和继续前进的动力。之所以愿意继续热情付出，是因为人都有投桃报李的心理倾向。相反，领导不信任下属则会给人一种独断专行的印象，下属会有受打压的感觉，从而导致没有人愿意听从领导的安排，下属就更谈不上付出热情了。

想要建立彼此之间的信任，领导要与员工多相处多共事。领导做到这样还不够，还要向员工主动表示自己的信任。诚实是建立信任的基础。

华润集团1997年接手香港思捷在内地的服装零售业务时，派去的负责人并没有从事过服装业务。可是，5年之后，这项业务的营业额从最初的2亿增长到了10亿，盈利从不到1000万增长到了1亿。北京光华管理学院邀请该负责人讲授思捷成功的案例，他说："当时我是个外行，所以一开始心里很没底。我向思捷总部的同事和下属求教，他们从来没有冷眼旁观，反而给了意想不到的帮助。这样一来，我学习得更快了，他们的工作积极性也调动起来了。"

承认自己的不足与无知，是一种诚实。这不一定有损于自己的威严，反而有利于赢得同仁更多的信任。因为这种诚实很少有人能够做到，所以能做到的人是值得钦佩的。

领导不敢完全信任员工，根本原因在于自己能力不足。不自信的人也不会相信别人。由于能力不足，害怕被人欺骗、玩弄和背叛，害怕局面超出自己的控制，害怕别人功高震主遗弃自己。不自信的人大都不会信任他人。领导信任下属，不仅自己要有足够的德行、识人之明和才干，还要懂得及时施恩。有德行，就能以之感召人才；有识人之明，就能够发现、识别人才；自己有才干，就能驾驭人才，不致出现人才失控的状况；适时施恩，能够有效保证人才的忠诚。

第八章

以人才为本

领导必须求才若渴

现代管理是人事管理，是主动开发人才的管理。每个公司都有自己的产品，有的是实物产品，有的是无形产品。有产品就有生产，于是就有了物本管理。但是，公司是由人员构成的，管理实物的同时还要管理人，也就是物本管理同时还有人本管理，且人本管理比物本管理更重要。人本管理中的关键是人才管理，因为人才决定公司发展的动力和方向。

不说人才是事业成功与发展的根本，单纯的人员管理也需要重用人才。因为人才是人群中的尖子，是榜样，而榜样有极强的带动作用。人人都渴望表现自己，都想得到夸奖，也就是成为他人眼里的人才。但必须承认，某些人在某个或某些方面就是能做得极好，而平庸者虽然嫉妒，但同时也佩服。要成为拥有那些才干的人才，就只能向榜样学习。

如此说来，公司运营的重中之重是建立完善的人才机制。这首先要求领导者特别是老板要求才若渴。

刘邦镇压英布反叛回归故里小沛时，在《大风歌》中既叹且问："安得猛士兮守四方？"曹操收复荆州南征孙刘期间的《短歌行》中写道："山不厌高，海不厌深，周公吐哺，天下归心。"晚清诗人龚自珍用"九州生气恃风雷，万马齐喑究可哀。我劝天公重抖擞，不拘一格降人才"向天求才。

关于人才重要性的名人名言数不胜数，就算不用论证，企业领导者也该无条件相信。而且，领导者应把爱才作为自己必须具备的一种基本素养。或者说，作为领导者，必须求才若渴。

燕昭王让他的大臣郭隗为燕国招揽天下人才，郭隗给他讲了一个千金买死马的故事："一位国君酷爱千里马，派人到处寻找，三年无果。他的一个侍臣听说某地有一匹名贵的千里马，就跟国君要了一千两黄金去买。可惜，侍臣到达目的地时，千里马已经得病死了。侍臣用带去的一半金子把马骨买了回来，并献给国君。国君大发雷霆，侍臣不慌不忙地说道：'如果世人知道您连死马都愿意花钱买，还怕没有人把活的千里马送到您面前吗？'不到一年，果然有许多人从四面八方送来千里马。"

郭隗讲完，向燕昭王建议道："大王如果真的求贤若渴，不如拿我当马骨试试。"燕昭王大受启发，马上派人给郭隗造了一座很精致的府邸，并亲拜郭隗为老师。千金买死马的计策再次生效，各国有才能的人纷纷被吸引到燕国。赵国人乐毅就是其中一位，燕昭王拜他为亚卿，请他整顿国政，训练兵马，燕国一天天强大起来。

千金买死马的典故喻示的道理是：要想把人才笼络到自己身边，让他们为自己效力，先要有爱才的态度。这种态度就是对人才的极度尊重。刘备的三顾茅庐已经成为老生常谈，它最能诠释领导者对人才应有的尊重。

重人和爱才在实践方面的表现是持续、定期地进行培训，以求把员工打造成更全面的人才。华为技术有限公司每年新招收的员工有一千多名，但离职率一直很低，这在很大程度上得益于华为公司对员工培训的重视。在深圳，华为有专门的培训学校和培训基地，配备专业的培训师。华为每年为培训支出的费用高达几亿元。可以说，华为公司的培训已经不再是临时性的，而是常务性的。华为公司要求每一位新人都接受系统培训，考核不合格就不让上岗。整个评估体系相当完善且严格，新人多为毕业生，他们在接受这样的培训后无不觉得那是“魔鬼训练”。岗前培训内容有军事训练、企业文化教育、技术培训与车间实习等。对在职销售人员的培训也非常完善，形式多种多样，既有在岗培训，也有脱产培训；既鼓励自我开发，也通过教育提升；既有传统教育，也有网络教育。

总之，以人才为本进行企业核心管理，要有爱才如命的心，也要付出有力行动。爱惜人才，不能只学千金买死马典故中侍臣和燕昭王的有意“作秀”，而要落到实处，燕昭王把人才招揽到自己的朝堂上，若不重用，就不会有燕国的强盛一时。

用正当而远大的理想感召人才

人活着需要动力，动力分为引力和压力（或称推力），显然压力不如引力来得好。员工的工作如此，企业的生存和发展也是如此。能够牵引员工和企业不断努力向前的动力是什么呢？是理想。

员工作为一个人会有个人理想，企业作为一个组织也要有理想，而且由于组织是许多人组成的团体，所以它的理想必须要远大。

华为公司的愿景：丰富人们的沟通和生活。

惠普公司的使命：为人类的幸福和发展做出技术贡献。

迪士尼公司的使命：使人们过得快活。

苹果电脑公司的愿景：让每人拥有一台计算机。

通用电气的使命：以科技及创新改善生活品质。

宝洁公司的使命：生产和提供世界一流的产品，以美化消费者的生活。

沃尔玛公司的使命：给普通百姓提供机会，使他们能与富人一样买到优质的东西。

IBM的三大信念：（1）尊重员工的个人信念；（2）尊重客户的信念；（3）有理想，以及用理想去执行一切任务的信念。

以上这些使命或理想都是放眼社会的，而且为自己确立这些理想的企业都成了世界知名企业。它们旗下济济人才当然功不可没，这就引出一种思考：企业的理想难道对员工意味着这么大的动力吗？

当远大的个人抱负遇到崇高的企业理想时，后者对前者有极强的感召力。所以，企业最高领导应为自己的企业树立造福社会与人民的理想，并以此吸引人才。

其实，绝大多数企业都有造福社会的远大理想，领导者所差的只是对人才的尊重和爱护。也许有的领导认为自己并没有远大理想，其理想顶多是挣花不完的钱。这或许是事实，但仅仅是表面。每个企业都渴望盈利，都想做大做强，而这个愿望的最终效果正是造福社会。解决几十上百人的就业问题，设立公益基金，承担员工大部分的社保，这些小贡献也是在造福社会。只不过，这种造福是间接性的、无意识的和潜在的。既然人才与远大理想是天生一对，企业领导就应该有意识地把它变成直接的和明面上的，也就是为所有员工树立造福社会的崇高目标，以此来感召他们。

尽人皆知三顾茅庐的典故，它不但说明了重视人才的必要性，更说明了远大抱负的必不可少。刘备手下的能人，诸葛亮、徐庶、张飞、关羽、赵云等，无一不是被他的仁义之心和救国理想感召来的。在写给诸葛亮的一封信中，刘备是这样讲述自己的理想的：

“伏睹朝廷陵替，纲纪崩摧，群雄乱国，恶党欺君，备心胆俱裂。虽有匡济之诚，实乏经纶之策。仰望先生仁慈忠义，慨然展吕望之大才，施子房之鸿略，称吕望、子房，正与司马徽、徐元直所言相应。天下幸甚！社稷幸甚！”

细读这封信，能够感觉出刘备的真诚。“天下幸甚！社稷幸甚！”这样的感叹语，尤其显得真诚。真诚是领导用理想感召人才时必须注意的态度。

怎样做到真诚呢？还是要回到理想本身。诚恳的态度源于理想的正当性，诚恳是演不出来的。

十八镇诸侯会盟伐董时，一致推举袁绍为盟主，袁绍登坛祭天，宣读自己的主张：“汉室不幸，皇纲失统。贼臣董卓，乘衅纵害，祸加至尊，虐流百姓。绍等惧社稷沦丧，纠合义兵，并赴国难。凡我同盟，齐心戮力，以致臣节，必无二志。有渝此盟，俾坠其命，无克遗育。皇天后土，祖宗明灵，实皆鉴之！”

袁绍宣读的理想也很远大，但他只是嘴上说说，真实的想法是瓜分江山。拥有远大却不正当的理想相当于一个人有致命伤，用它来感召人才，即便一时得逞，最后也将落败。正是由于袁绍的理想不是正面而崇高的，他才不懂得珍视身边的人才，最后手下的人才亡死的亡死（比如颜良、文丑），投敌的投敌（比如许攸）。

选择人才不如培养人才

选择人才是一门艺术，领导者首先要认识到每个人都有一定的才干，都在某方面是人才，这样才谈得上选才。选才就是选人。

第一，选人任职，首先要以组织性质和组织目标为依据选人，也就是按需选才。不能听说或证实某人很有才干就非要把他纳入自己“门下”不可，而要先看他自己的职业目标需不需要那种才干，看他进来以后能不能适应。

第二，要讲究方法的多样性。人才招聘、在共事中观察、他人推荐等，都能帮领导招募和识别人才。

第三，要有耐心。试玉要烧三日满，辨材需待七年期。只要自己的工作目标不受影响，千万不能因为一时犯错或没有成果而对人才不再信任甚至废弃不用。可以让那些看起来比他更优秀的人暂时顶替，但不可轻言放弃。

第四，审察局势环境来选择相应人才。环境动荡时，喜欢冒险的人尽量少起用；公司处于某个难关毫无进展时，要大胆任用有创新头脑的人才。

考虑到每个人都是人才，所以与其选择人才，不如培养人才。由于人才自身的想法，或者由于领导的某个问题让他们难以忍受，也许培养出来的人才将来不会为领导所用，但这也是一份贡献。领导把员工培养成更全面更专业的人才，至少在面临各种工作任务时会有更多选择；人才多了才可能有最佳人选，才不必将就任命不十分满意的员工。

培养人才的重任，首先要求领导对上面提到的“人即人才”有清醒而深刻的认识。再次申明：只要得到正确的引导和培养，平凡的人都能成为人才；人人本来就有才能，与其说是培养人才，不如说是不毁坏人才。

有些人才之所以没有能入领导者的眼，是因为他们表现得不够职业化，而深究起来，这还要归咎于领导对员工的忽视。特别是员工刚进公司的时候，以及他们的诸多第一次。

人的一生有无数第一次，职场上也是，比如，第一次见自己的主管、入职第一天接触的第一个人、第一次领工资或奖金、第一次晋级、第一次获奖、第一次参加公司聚会、第一次父母前来探望，等等。这些第一次对于管理者来说都是平常的小事，但对员工而言有一定的重要性，不可忽视。我们常说“第一印象”，可见大多数人还是看到了第一印象的重要地位和影响。把“第一印象”稍延伸就得到首因效应，准确地说，最初接触到的信息所形成的印象对人们以后的行为活动和评价的影响，就是首因效应。

管理者若能利用好员工的第一次，就可以事半功倍地取得自己期待的效果，比如，树立自己的威信、给员工以归属感、让员工明白制度的不可违犯等。相反，错过第一次，任由员工按照原有的习惯做事，等他犯错再予以纠正，可能会事倍功半。不过，亡羊补牢为时未晚，认识到自己工作的疏忽，领导就该立即着手员工的职业化。

有些员工不思上进，有些员工一片茫然，有些员工觉得工作无趣，有些员工常常无精打采。凡此种种，原因可能是员工对自己的职业生涯还没有明确的规划，或者能力不足。管理者如果想留住这样的员工，就应该强势干预，帮助他们规划自己的职业生涯。就算不能得到完整的规划，至少也要做到第一步，即帮助员工找到自己的职业发展方向。人不能不工作，不得不长远考虑。当然，领导帮助员工进行职业规划的前提是对员工有充分的了解，因为职业发展方向要与所掌握的基本技能相符。当员工有了清楚的职业方向后，公司要为员工提供良好的舞台环境，让员工的才华得到施展，自我价值得以实现。

看到有潜力的员工，就要有意培养，并告诉他你的这种意愿和目标，以激励他。同时要注意营造利于人才成长和生活的环境，特别是避免庸才的排挤。真正的人才都是骄傲的，首先，他们对自己的观念已经绝对自信，这会给其他人一种恃才自傲的印象；其次，人才总是把宝贵的时间用在自己的事业上，很少思考和处理与人交往的艺术。这两点使人才经常难容于人，而管理者要重用人才，在遭到反对时，就要大胆地保护人才，保证他的主张得以实行。

领导的态度和言行是员工生活环境的一部分，而且是相当重要的一部分。领导对员工才能的辨识能力、塑造能力和保护能力，直接影响员工的职场体验。所以，领导一定要注意自己的言行，要竭力爱护、信任人才。

自己手下的人才，有时可能在其他部门更有用武之地，此时要学会大胆向其他领导推荐自己的员工，让员工得到有利的成长。

包容人才

项羽火烧咸阳后，大封天下，只给了刘邦汉中之地。就在刘邦前往封地时，一直在项羽手下不得重用的韩信转投刘邦。然而，刘邦一开始也没有重用这位军事奇才，韩信最高的职位只是一名军需官。其间，韩信与萧何结识。一路南下，刘邦军队士气低落，将士多有逃跑。韩信打算另投别处，也动身离开汉中，幸好萧何星夜追回。萧何向刘邦解释，说如欲一统天下必须仰仗韩信。

刘邦说："那就让他当个将军好了。"

萧何说："当将军，那他将来还是会走。"

刘邦说："那就让他当大将军，叫他进来吧！"

萧何说："不怨人家韩信要走，你这个人一向简慢无礼。既然要拜他为大将军，岂能再把他当小孩儿使唤。"

听到萧何的话后，刘邦这才筑坛、具礼，当着三军的面正式拜韩信为大将军。此后，韩信帮刘邦走出困境，并开始连连告捷。项羽所封诸侯全面反叛后，天下陷入纷争，项羽奋力平叛，刘邦也攻城拔寨。韩信奉刘邦之命攻下齐国后，写信给刘邦，要求做代理齐王。可当时刘邦正被项羽困在荥阳，正等着韩信去救援呢！刘邦当着文武官员的面破口大骂韩信，身边的张良和陈平暗中踢了他一脚，刘邦立即改口道："这小子真没出息，要什么代理齐王，要当就当个真的嘛！"说罢，回信封韩信为真正的齐王。

韩信拜将称王的故事人们已经耳熟能详，在此提出的目的是使企业领导者看到刘邦对人才的气量。好领导必须有包容人才的气量。

有人可能会说那是形势所迫。形势所迫不假，但如今大大小小无数企业间的竞争以及某一企业中层领导间的竞争，不也构成一种严峻的形势吗？面对激烈竞争的职场形势，企业领导只能选择爱护、包容人才。

在人才的选择上，也能体现领导的包容心。选用人才不能拘泥于 年龄、学历、地域、关系亲疏等因素，这些都不能作为要不要重用人才的参考因素。只要有突出的才干，少年也可以委以大任；有些人虽然饱受争议，但只要有基本的职业道德，就不能以瑕掩瑜。

领导对待人才，应放下与成功无直接关系的成见。庞统就是一个例子，他曾投奔曹操，曹操完全接受了这个旷世奇才，但由于庞统无意事曹而离开；他投奔东吴时在孙权面前对周瑜出言不逊，孙权嫌他太狂而不用；他再投奔刘备，刘备以其貌丑不曾重用，好在后来知错改错没有错过。狂士不可用，貌丑影响汉官威仪，这些都是与事业成功无关的成见，都该放下。用人才就该不拘小节。

除了这些，领导还需要包容或宽恕人才哪些方面呢？魏国的《世要论》以设问的形式讲述了贤明君主使用人才的“恕道”，七大问题如下。

（1）“臣有辞拙而意工，言逆而事顺，可不恕之以直乎？”这一条说的是员工嘴笨。

（2）“臣有朴骙而辞讷，外疏而内敏，可不恕之以质乎？”说的是员工土里土气。

（3）“臣有犯难以为上，离（罹）谤以为国，可不恕之以忠乎？”指有的人才好出头，遭到他人非议。

（4）“臣有守正以逆众意，执法而违私欲，可不恕之以公乎？”指有些下属大公无私犯了众怒。

（5）“臣有不屈己以求合，不祸世以取名，可不恕之以直乎？”指员工刚正不阿。

（6）“臣有从仄陋而进显言，由卑贱而陈国事，可不恕之以难乎？”指有些员工话糙理不糙。

（7）“臣有孤特而执节，介立而见毁，可不恕之以劲乎？”指有些员工因不合群而遭到诋毁。

真正的人才都有自己独特的个性。一般说来，他们不会趋炎附势，决定追随谁之后就不会随波逐流；但其中有一些人才看起来恃才自傲，让人无法接近，原因可能是他们已经看透了人才对于管理者的重要性，在故意试探。凡此种种，都需要管理者用自身魅力来吸引，用宽广的胸怀来包容。

可能有的人才之前在自己的竞争对手那里效力，甚至曾帮对手对付过自己，如果他们有一天成为自己的员工，领导要学会不计前嫌和大胆重用。管鲍之交已经成为老生常谈，但人们经常忽略了齐桓公不计管仲一箭之仇反而重用他的雅量；关羽挂印封金过关斩将的典故也已耳熟能详，但人们经常只记住了他的忠义无双，却忽略了曹操宁可让人才投奔敌人也不趁早杀之的非凡胸襟。

其实，某些领导不能包容人才不是不能识别人才，而是打心里嫉贤妒能。发现人才后大方地承认自己不如他，这对领导来说是个更困难的问题。他们还找了许多看似正当的理由掩盖自己的做法，比如承认自己不如某位下属，有可能降低自己在员工心目中的威信，再比如有的人才不禁夸，夸奖可能会激发他们自立门户的野心。

对此只能从影响上提醒他们说：上梁不正下梁歪，领导特别是最高领导不肯定和重用人才，下面的管理者就会效仿。后果是公司里充斥的大多是庸才，因为人才不堪埋没，跳槽到其他公司了。

福特汽车的第二代总裁福特三世是一个嫉贤妒能的领导，当他觉得某位下属由于才能出众而影响力已经或可能超过自己时，即便此人为公司做过不可磨灭的贡献，也要狠心辞退他。结果，福特公司的经营多次出现危机，员工以罢工相威胁，福特三世只好在63岁辞去董事局主席的职位。

领导应该学习美国钢铁大王卡内基的心胸和气度。卡内基的墓志铭上写着：“这里长眠着一位先知，他勇于用比自己强的人才。”

打造学习型企业

在知识经济时代，知识浩如繁星，市场瞬息万变，所以，谁能更快更好地学习，谁就更有竞争力，更能脱颖而出。对个人是如此，对企业更是如此。企业不但要敦促员工加强学习，更要打造学习型组织，使员工形成终生学习的观念。

美国麻省理工学院斯隆管理学院资深教授、国际组织学习协会创始人彼得·圣吉曾预言说："未来21世纪的竞争比的是企业领导者谁学得更多、更快、更好。"领导都注重学习了，公司员工肯定也会好学，公司也就形同一所学校。

从环境的角度说，打造学习型组织能够让员工工作得更愉快。因为人在学习的时候比较纯粹，心中杂念少。这正是人们步入社会以后总在怀念求学时光的原因。

浙江红剑集团有限公司成立于1999年，到2011年，其业务涉及纺织、科技、化工、投资等领域，总资产超过19亿，年产值将近50亿。红剑集团发展得如此迅猛，最重要的原因是它从一开始就注重整个公司的学习。在红剑集团，员工的学习不再是领导的建议，而是必须执行的任务。新入职的员工，要接受班组、车间、公司3个级别的教育。为了提升员工的工作能力，公司还会让员工不定时参加新设备、新工艺的培训。公司的人力资源部设有培训专员，这些专员的日常工作就是管理员工的内外培训。参加外部培训的员工必须在3天内向培训专员递交培训讲义或笔记，由专员备案。在公司内部接受培训的员工，必须按时签到，有专员监督和记录员工的考勤、违纪情况，这些表现直接与当月绩效挂钩。员工参加完培训，必须在3天内写一份不少于500字的心得。

红剑集团能有这等学习氛围，把它比喻成一所正在冲刺高考的高中也不为过。

河南仰韶文化酒业有限公司的董事长侯建光，也非常重视自己和员工的学习，他把仰韶酒业打造成了学习型组织。

1999年至2000年，仰韶酒业的销量达到了全国第三，但收入却只排在第18位，原因是仰韶酒业的产品档次不高。2001年至2004年，仰韶的品牌影响力严重下降，收入更是跌落谷底。2004年8月，侯建光接手仰韶酒业。为遏制市场下滑，他彻底完成了仰韶的体制改革。第一步就是打造学习型企业。侯建光不但在企业内部设立了教育培训机构，还要求公司所有职员一律从外界获得技术资料学习，他自己也以身作则。经过这些学习与教育，员工的思想观念发生巨变，再推行改革就容易多了。2006年，仰韶的产品销量停止下滑。

此后，侯建光又花费上百万资金让一百多位中层管理者参加有关执行力的课程培训，让十几位高管参加经管口才方面的培训。培训结束后，这些人一改先前的思想作风和行为习惯，仰韶人得以轻松愉快地实现上下沟通。而且，从那以后，整个公司形成了深厚的学习风气，全体同仁无不团结一致积极向上。

曾有人问安徽江淮汽车集团有限公司的董事长左延安：“江淮成功的秘诀是什么？”左延安回答说：“我们唯一的秘诀就是把同仁的培训和教育当成源源不绝、不断增长的血脉。这是我们成功的关键。”以上所列成功案例，全都是通过培训打造学习型公司。

一般来说，对员工的教育培训有以下几个步骤。

第一，确定培训方案。培训方案要有针对性，就是说，要结合员工和团队近期出现的问题提出培训方案。不过，当企业强大之后，应设立终生培训部门，那时的培训方案不必有太强的针对性，而是更侧重基础技能。

第二，选择教育培训材料。培训材料琳琅满目数不胜数，似乎让人难以选择。公司主管以上的管理者都可以成为培训师，资料的搜索、辨别、选择和整理都可以交给培训师，尤其是规模较小没有专门培训机构的公司。有的管理者可能会以“不会”“没有做过”推脱培训师的工作，其领导应该鼓励他大胆尝试。大多数人天生不会讲课，第一次当众讲课都会紧张。

第三，让学员练习、讨论。培训课上，理论讲述的时间不宜太长，要留时间让受训者消化吸收。而且，给学员现场练习的时间应比听讲时间更长，才能达到培训效果。如果还有条件，也可以给受训者一定的时间分享心得经验。

第四，检查培训成果。确立培训目标并展开针对性培训后，要及时或定期检查完成度，同时要注意员工的满意度。每次培训都必须要有考试。考试本身有强化记忆的作用，这种作用与平常的知识重复不同，考试结果所引起的或好或坏的情绪变化能让员工记得更牢。所以，还要根据考试成绩进行奖励和惩罚。

注重人才的培训

松下集团认为自己的事业是“制造人才的公司，兼做电器生意”。松下集团所取得的巨大成功，首先是用人策略、管人方法、育人理念的成功，其次才是做电器生意的成功。

然而，培养人才不是一件简单的事。杰克·韦尔奇说：“我在对员工的评估上花了很多精力，在对员工的培训上也花了不少心思。通用电气经常进行各种培训，使员工在技术上不断更新，与公司一同成长。这些工作都是巨大的挑战。”

人才需要公司的精心培训，这里的培训指对某一方面才能从无到有、从少到多的培养和训练。培养在先，主要工作是提供利于人才萌芽和成长的环境；训练在后，主要工作是利用更好的手段和机会巩固、提升员工的才能。培养是基础训练，训练是深入培养。

首先是岗前培训。有实验表明，刚刚毕业的大学生上岗前如果经过七天培训，半年内公司的人才流失率不到10%，培训5天则人才流失率高达20%，培训3天到达30%，不培训的话，流失率超过30%。这些数字表明，岗前培训的时间和有效程度，对员工效力公司的时间有重要影响。宁可让员工晚入职一个星期，也不能撤销或中止岗前培训。

IBM公司对职员的岗前训练相当严格，对新人可谓魔鬼训练。其中行政管理类职员的培训时间为2周，销售、市场和服务部门的培训时间为3个月，管理者的培训时间则为6~9个月不等。微软公司的新员工，要接受1个月的封闭式培训才能入职，入职后还要接受为期3个月的集中培训。

领导者对在职培训也要予以重视。其目的固然有提高专业能力，但不限于此；也可以是单纯提高员工的个人素养或统一价值观进而留住员工等。

惠普公司非常重视员工的在职培训，早在1980年，公司内部就举办过1700多个训练班，当时全体员工是4.7万人左右，竟有2.7万人参加过培训。培训方式丰富多彩，有讲课、讨论、看电影、计算机模拟、案例分析、技巧实战、自学考核、一带一传授等。惠普还给员工暂时放假，让他们去大学进修，为他们报销路费，补贴生活费用。员工学成归来，是选择继续留在惠普还是另谋高就，公司都不干预。任何一次员工培训，总经理至少要出席第一堂课。难能可贵的是，惠普的在职培训侧重文化，而非业务。为方便即时检验成果，有时会把培训课堂安排在工作现场；检验成果时，多采用比赛的形式。

员工培训非但是必不可少的，而且应当是持续和循序渐进的。从培训内容来看，员工培训包括新人培训、晋级培训、管理层培训、专门部门培训等方面，这些内容显然不能一次性全部教给员工，而是需要由浅入深、由低级到高级地传授。

长寿公司模式的创造者，美国作者阿里·德赫斯在《长寿公司》里说："一个公司是一个生命体，只有生命体才会学习，具有学习能力的公司才可能长寿。"把这一理念应用在人才培训上，这一事业就应该永远坚持，不能中断，更不能废弃。

有的企业领头人也许会说："惠普、IBM都是知名大企，我们公司规模小，没有那个能力。"这是一种短视，规模小的公司培训也不能少。二三十人的公司可以专门从人力部门挑选一个兼职培训师，更小的公司可以由总经理来兼职培训。但无论专门的培训人员数量多少，一定要成为常设，培训不能只是一时兴起。

培训工作虽然提高了管理成本，但收益也非常可观。很明显，培训越多，员工能力越高越全面，企业的生产效率和绩效越会直线上升。更重要的是，好的培训使员工成才成功之后，员工会感念公司的培育之恩，从而知恩图报，争取为公司做更多更大的贡献。所以，培训工作是双赢的，对企业是一举两得。

培训工作的要领有二：一是培训计划必须明确，二是培训之后必须要有考试。培训计划的最终目标和分目标，每一步做什么，都要明确。考试合格的员工才能安排相应工作，成绩优秀的要予以嘉奖。

在一个有良好培训体制的公司里，领导同时是老师，员工同时是学生，同事也是同学，办公室如同教室，整个公司如同一所学校。

第九章

从思想层面塑造员工

培养员工的竞争意识

大多数工作无论开始多么新鲜，时间久了都是平淡无奇的机械重复。无论再怎么有激情或兴致，一件事从最初尝试到简单重复的渐变，都是对激情和兴致的消磨。这就给管理者提出一个难题：怎样让员工保持努力工作的动机？

动机产生于需求，需求是由斗争和竞争刺激出来的。

澳大利亚一家牧场上的牧羊经常被狼吃掉，牧场主请政府和军队杀光了狼。几年以后，羊的繁殖能力和羊毛质量大大下降，羊群变小，羊只也体弱多病。牧民经过反思和研究，认为是天敌的消失使羊的生存能力和基因退化了。于是请求引进野狼，果然牧场的情况明显得到好转。

这个故事常被用来解释天敌对于生态平衡的重要性，它同时也说明了生存斗争对于一个群体的重要性。无论是群体还是个体，都遵循用进废退的生存规律，而异己者的刺激能够有效调动个体的生命机能，防止其退化。这个异己者永远是相对而言的，即使在企业这样的群体里也可以有互异的小群体。管理学中也有草原狼，他们就是富有朝气、思维敏捷的年轻人，而缺乏活力、投机取巧的老员工，正可以比喻成不思进取正在退化的牧羊群。高明的管理者懂得用年轻人刺激老员工，激发后者的忧患意识，重燃其努力工作的欲望。

狼与羊的经典案例与另一管理学经典有异曲同工之妙，那就是鲶鱼效应。

沙丁鱼生性安逸平静，对危险没有清醒的认识，而鲶鱼是一种生性好动的鱼类。渔夫把鲶鱼放在捕获的沙丁鱼群中，打破沙丁鱼的平静，从而减少运输中沙丁鱼的死亡，获得了最大收益。

如果把懒惰和大意的员工比作沙丁鱼，那么，管理者安排任务时也可以放条鲶鱼，也就是安排给员工的任务有一定的挑战性。

没有斗争的生活犹如温水煮青蛙，同样，没有竞争的生活也会使人堕落和退化。斗争是指向异类的，竞争是指向同类的，两者都能起到改善生存状态的作用，都遵循用进废退的规律。

假设你是一家公司的老板，想提拔一位助理。观察几天之后，你发现有三个人在品德、能力、经验方面都不错。不同的是，年纪最大的那个各方面都稍微突出一些，而你的副总过来告诉你说，他看好这三人中的另一人。这时你会怎么选？正确的办法是让这三个人竞聘，选成绩最好的那个。培养员工的竞争意识，其实不必多么正式，有时甚至是无心插柳。

美国著名企业家查尔斯·施瓦斯手下的一个子公司里的员工，总是不能完成公司规定的产量，该公司的总经理用尽办法都无济于事。施瓦斯决定亲自来看看。来的时候正是昼夜交班的时候，施瓦斯问一位即将下班回家的工人：“你们今天炼了几炉钢？”工人回答说5炉，施瓦斯就把这条信息写在了公司的布告栏上。除此之外，他没有多说什么，便离开了公司。上夜班的工人看到这条信息，不明白是怎么回事，就去问门卫，门卫如实相告，自然也没有说明总裁的用意。然而，夜班工人却开始想：难道我们夜班的工人就比不上他们白班的吗？当天晚上，夜班工人炼了6炉钢，并在下班时把这个成果也写在了布告栏上。白班工人看到布告栏，认准夜班工人是在跟自己叫板，也使劲干活，居然在白班的工作时间内炼了8炉钢。就这样，黑白班的员工竞争起来，日产量比过去提高了2.2倍，最高日产量居然达到了16炉。最后，该公司超额完成公司规定的产量。

施瓦斯在布告栏上貌似随意写下的信息，相当于一种无形的挑拨。他所挑拨的是人们普遍具有的上进心和落后耻辱感，这种意识的强度就会因长期劳而无功变弱直至消失。因此，人是需要被挑拨的，那些长期进行某种活动而渐失斗志的人尤其需要。

从施瓦斯的事例还能看出，员工的竞争意识极容易培养出来，甚至不用刻意培养自己就会产生。活在群体之中的人，也活在自己与他人的比较之中。有比较就会看到差距，看到差距就会刺激需求，需求只有努力才能满足。正因如此，管理中难的是怎样避免过度竞争或恶意竞争。过度竞争会使员工疲惫不堪，恶意竞争会使员工关系恶化。避免出现上述情况的办法有很多，可以是正确引导，比如要求参与竞争的人先与过去的自己对比，让他们向公司里更优秀的人学习；管理者还可以保证公平公正公开的竞争环境，让不好的手段无处施展。

习惯性地刺激员工，鼓励他们的新鲜观点，帮他们张扬个性，这也是激发竞争意识的一个妙招。领导者可以把自己变成鲶鱼或草原狼，也就是树立雷厉风行、严谨、强势、严明的工作作风，当员工适应这种作风后，还可换成其他作风，因为领导的改变对员工也是一种刺激，员工需要调整自己来适应改变。

使员工具有团队意识

据统计，诺贝尔获奖项目有三分之二是靠协作完成的。这虽然只是一个粗略的统计数据，但已经说明协作胜过单干的道理。企业管理中强调协作的案例更是数不胜数。

某外企招聘部门经理，不少人前去应聘。应聘者都是高才生，且准备充分，常规问题都能应答如流。于是，公司人事部就策划了一个特别的招聘会。董事长让入选的6位应聘者一起进入面试间，发给他们25元钱，让他们所有人只用这25元去街上吃午饭。6个人来到大街拐角处的一家餐厅，被服务员告知这家餐厅每份最便宜的饭是5元，但是如果有1个人答应吃完留下来花半个小时洗碗，现在就可以给他1份饭。6个人心里开始盘算：后回去的可能会错过这次面试，虽然这只是临时加题，但其他因素不会完全不考虑吧？相反的有的人认为，这道题就是关键，考验的是牺牲精神。最后，这6个人选择离开，既不自己留下，也不同意让其他人留下。午餐时间已过，辗转几家餐厅的6个人没有完成目标，回到面试地点，诚实地向董事长说明了情况。董事长拒绝了他们所有人。其中一人不服气，反问："25元怎么可能让6个人全都吃上饭？"董事长笑了笑说："那家餐厅的服务员是我故意安排的，她只在等你们问'可不可以6个人一起洗碗？'可你们每个人只想到自己，从没想过凝聚成一个团队。没有一点团队合作精神的人，我们公司是不会要的。"听到这里，6名应聘者哑口无言。

"人心齐，泰山移"，合作可以产生"1+1>2"的倍增效果。日本在20世纪60年代中期崛起为经济大国后，以美国为首的西方国家对日本企业进行了深入调查研究。研究发现，单个的日本最优秀员工并不比欧美的最优秀员工强，但日本企业的班组或部门总能胜过欧美的同种团队。也就是说，欧美国家的员工个人能力强，日本的团队能力更胜一筹；"1+1>2"的情况在日本得到了更好的体现。这是因为日本企业的员工有较强的归属感，协作精神更好，从而使团队不再是纯粹的组织机器，而是有了一定的推动力。

事实上，日本企业的员工管理就是集体主义的。日本企业主张把企业经营成追求盈利生活的共同体，每项经营决定都应让全体职员共同参与。日本企业的决策方式是集体决策，即任何重大决策都由企业各层有关人员充分讨论，再由高层管理者做出最后决定。最高领导不能单凭己意做决定，当然更不能一意孤行。

团队协作意识的建立，既可专门培训，也可从以下几个方面着手。任何一家企业都该把团队协作确立为基本理念，并时时处处加以强调，而且只要能达到目的，形式不必拘泥。所以，以下所说纯属挂一漏万。

人多力量大，但前提是劲往一处使。人都有从众心理，但加入某个群体后又都有超然于群体之上的欲望。所以，每个团队都需要规章制度。规章制度要在团队建立之初就确立下来。一旦确立，不能轻言更改，因为更改对已经习惯它的秩序的员工来说是巨大的冲击。

大部分人最关心的永远是自己。所以，当管理者发言时，不能说“我怎样怎样”，应该把“我”尽可能地改成“我们”。这能把总是站在领导对立面的员工拉进团队里，是一种持续性的意识熏陶。必须承认，由于分工需要而设立的组织结构，是团队的一道裂痕，而领导一味突出“我”就是在加深加重这道裂痕。

在团队学习中，管理者要设法打破员工间的习惯性防卫。习惯性防卫说的是为了掩盖自己的缺点和无知而坚决不同意某个意见；还有一种情况是违心或不经心地同意某人的意见。打个比方，前一种情况是三个谁也说服不了谁的臭皮匠，后一种情况是两个臭皮匠盲从率先发表意见的第三个臭皮匠。三个臭皮匠要想胜过一个诸葛亮，并不是一件容易的事，需要他们打开心防，虚心而诚恳地接受新事物、新知识。一间库房的门不打开，就不能盛放自己本没有的东西；不能学习或接受新信息，思想和行为就难以改变，不改变就不会有进步。

教员工学会感恩

当人长期受用某种恩赐，特别是在非重要时刻得到时，就会越来越淡忘那赐予的恩情，而把它当成是理所当然的。比如空气，很少有人郑重感谢大自然赐予人类赖以存活的空气；又比如工资，员工认为老板发工资是理所应当的，几乎不会问自己付出的劳动是否完全值得。人们所理解的感恩，不是感谢一切恩赐，而只针对雪中送炭的感激。

缺少全面的感恩之心，最终受损害的是自己的工作与生活。其中道理主要是：人一生的独处时间多于群处时间，独处时不能依赖别人，没有感恩之心的人习惯于接受别人的帮助和赐予，其自我供给能力或得不到开发，或得不到提升；另外，富足的人并不是没有私心，任何人在给予时都下意识地期待着回报，只不过有人大度无私不自己去索要，但如果长期得不到回报，他至少可以终止对贫穷者的给予。人是群居动物，没有人能不受任何恩赐，没有人能一毛不拔毫不给予。所以，每个人都需要终生抱有感恩之心。

在感恩方面，也有值得夸赞的表现突出者：上海波特曼丽嘉大酒店给每位员工发了一张精致的卡片，无论上下级，每个人都可以在上面给自己想感谢、致歉和祝福的人写下想说的话，并把卡片送给他。这个榜样告诉我们，员工的感恩对象不必非是上级领导或公司平台不可，还可以是任何其他想感谢的人，甚至是某种东西、某件事。事实上，强调公司和领导帮助的工作，也不该由领导或老板提出，那样才能避免有自卖自夸的嫌疑。领导对员工在感恩方面的思想改造，不是强调具体应感恩的事，而是使员工的感恩之心从无到有、从小到大、从薄弱到坚定。

这一工作貌似是对员工苦口婆心的教导，但从另一方面看，也是为了公司的长盛久安。一个公司里的员工如果不能对帮助过自己的公司和同事心存感激，这个公司的工作氛围肯定不和谐，也难有长久发展。员工没有感恩之心，其职业生涯前途堪忧；企业没有感恩的文化，后果是员工觉得公司无可留恋。

强调受人恩惠必说“谢谢”，这种工作比较零碎，也没有什么仪式感。为塑造感恩文化，北京时代兴邦企业管理顾问有限公司创始人、首席咨询师、培训师孟志强举办的“感恩卡活动”，值得我们学习。他坚持让自己公司的相关领导在年尾举办感恩卡活动，其详细程序如下。

第一步，主持人以一段讲话开场。开场白一般是：“在一年的时间里，不管是业务上的指导还是思想上的启迪，不管是及时纠错还是配合工作，我们每一位成员都得到了同人的帮助。所以，在一年将尽的时候，你心中一定有几位特别想感谢的人。今天就给大家一个机会，待会儿会发给每人三张感恩卡，请你把最想感谢的人、感谢理由、最想对他说的话写在上面。”感恩卡是事先准备好的，一般呈现为表格形式，内容包括“这一年里你最想感谢的同事”“为什么最想感谢他”“你最想对他说的一句话”这几栏。表格末行是送卡人署名。主持人还要说明感恩卡活动不是为了营造“讨好文化”，而是提倡尊重。就是说，被赠予感恩卡的那个人不必跟自己关系最好，感恩不是为了示好，而是发自肺腑地想感谢他。

第二步，主持人宣布送卡规则。每人有三张感恩卡，三张必须都送出去，当送到想感谢的人手里时，要说一句“非常感谢您”之类的话。

第三步，当众唱票，统计出本年度最感动公司的员工和最感动公司的管理者，限额三位。

第四步，请前三甲之外的所有人上台大声读出他的感恩卡，并与被感谢的人热情拥抱。

第五步，被感恩的前三甲上台发表感言。

这种活动看似有严重的形式感，其实效果非常好。对感恩他人者和被感恩者，都是一次心灵的触动与启迪。被感恩者看到自己的付出得到公正的回报，会收获更大的幸福，以后会再接再厉；其中前三甲最能感到幸福与光荣，排在后面的人也能看到自己的不足之处，从而在心里争取来年更努力。感恩他人者同时也是被感恩者，所以，所有员工都能感受到公司和谐的气氛，觉得留在公司能够实现自己的价值。

培养员工的责任感

美国著名心理学博士艾尔森曾以问卷形式调查世界范围内100名杰出人士的职业态度，惊讶地发现竟有61人坦言目前所从事的职业并非自己最爱。问题在于，他们都在自己的领域做出贡献并创造人生辉煌——在不理想的工作上做出最好成绩，这似乎是不可想象的！如果不是兴趣在推动他们，又是什么使他们没有放弃？

艾尔森带着这样的疑问又走访了多位商界英才，在纽约证券公司的高管苏珊那里找到了一个答案。

苏珊出身于音乐世家，受到了良好的音乐启蒙教育。她自己也酷爱音乐，希望以此为职业生涯，可她没有如愿，而是考进了工商管理系。毕业时，她以优异的成绩被保送到美国麻省理工学院，又攻读了当时公认超难的MBA，并成功拿到了经济管理专业的博士学位。接受采访时，苏姗已经成为美国证券业界的风云人物。

苏姗不无遗憾地说："其实我到今天还是不喜欢目前这份工作，如果有重新选择的机会，我还是会毫不犹豫地选择音乐。但我同时又知道，那只能是一个美好的假设，手上的工作不能懈怠。”

艾尔森博士问：“我想问的是，你当初明明不喜欢考入的专业，为什么还是考了那么优秀的专业成绩？目前工作并非所爱，是什么推动你仍然做到最好？”

苏珊肯定地答道：“不喜欢不等于可以懈怠。那个位置上有我应尽的职责，我必须履行。……尽职尽责不只是对工作负责，也是对自己负责。只要有责任感，创造奇迹并非妄想。”

其他成功人士给出的答案与苏姗也有诸多共通之处，他们提到许多人都不喜欢自己的工作，然而任何的抱怨、消极、懈怠都是不可取的。正确而明智的做法是把那份工作当成一种不可推卸的责任肩负起来。

艾尔森博士得到的结论在今天以及未来都行得通：把事情做好，做得出类拔萃，兴趣和理想不是第一位的，责任感才是第一位的。责任心能够使人具有坚强的意志和高昂的工作热情。

培养员工的责任心，意味着帮员工养成自发、主动承担责任的行为习惯。这是一项持久而复杂的工作，可以从多个地方着手实施，所以不能全部列举出来，以下仅从几个方面简述，具体实施起来，只要能达到目的，管理者可自由发挥。

“责任”二字有两层含义：一是某事由某人实行管理的权限，二是事败后由某人承担的后果。这两层含义带来的心理效应是相反的，前者积极，后者消极。管理者培养员工的责任感时，应该利用责任的积极意义，即责任代表了领导对员工的信任和支持、理解和尊重。

责任感有两类：一类是社会角色所赋予的，比如对社会、单位、家庭的责任感；另一类是自己做出承诺自觉承担的。前一类几乎没有人卸下，无须企业管理者强调；后一类也不用强调，只需让员工当众做出承诺即可，因为承诺与责任同时存在。

领导要求员工定期述职，会使员工的责任感增强，这一点特别适用于老板对中层领导的管理。在被要求述职的压力之下，管理者和员工都会更加尽职，工作效率会更高。荣誉与责任是绑定在一起的，领导要求员工述职时要强调荣誉，以提高员工的积极性。

领导可以要求员工把自己的责任写在纸上，这能时刻提醒他们所承担的责任，帮助他们工作时集中注意力。明确自己的责任，还必须付诸行动，行动可以让人们更清晰地看到自己的责任。

管理者不但要激发和培养下属的责任心，而且在日常工作中要以严格的责任心要求自己，因为行动和事实永远比说教更有说服力。特别是在关乎公司生死存亡的重大时刻，管理者更要表现出责任心。管理者是企业的灵魂人物，遇事不应该找借口，更不应把责任推诿给他人。所以，领导在日常追究责任时，应先找自身的责任。

第十章

营造轻松健康的工作环境

环境可以改变行为

人们一直秉持着人定胜天的信念对自然环境进行着改造，其实，自然环境也可以反过来改变人的心境，进而改变人的行为。“鸢飞戾天者，望峰息心；经纶世务者，窥谷忘反”说的正是环境对行为的改造。

不只自然环境可以改变人的行为，像音乐、壁画这样人为构建的环境，也可以改变人的行为。

朱利安任纽约市长前，纽约地铁的犯罪率一度特别高，换了几届市长都没有治理好。朱利安上任后，没有颁布禁令或设置规定，也没有实行其他加强治安管理的措施。他只是把地铁站的音乐换成了莫扎特的典雅音乐，而且24小时不间断播放。谁也没有想到，一年后，纽约地铁的犯罪率居然明显下降。

环境可以改变人的行为，这是由外入内的影响力。美好的东西能够抑制人们一时的冲动，使人恢复理性。一句话，美好的东西能够唤起心灵的美好。如果张贴禁令、加强警卫和抓捕案犯等处理方法也是一种环境，那么，音乐营造的环境与那种强硬环境比起来，则是一种无处逃遁绵绵不绝熏陶的柔和环境，虽然是柔和的，却柔中带刚。从心理角度分析，环境改变人的行为，是人受到持续性暗示以使自己适应的过程。

在企业管理中利用环境改变员工的行为，其中的环境不仅包括整洁宽敞的工厂与办公设施，更包括企业的制度与文化。举例来说，管理者希望员工的行为符合自己的期望，希望员工具有创新精神，但当员工让自己失望时，指责或解雇是无用的。要让员工按照自己期待的方向走，需要先创造出必需的环境，即要让员工在工作中创新，先要创造出一个激励创新的环境。

有一个家族企业，兄弟俩人合伙，老大占大股，是实际上的老板。俩人延续在家中比较随便的称呼“大哥”和“兄弟”。久而久之，厂里上下都模仿他们，称大股东为“大哥”，称二股东为“二哥”。“大哥”也开始称所有人为“兄弟”。不仅称呼上不规范，企业的其他方面也营造得充满江湖气息。

有一次，“大哥”正与一位客商谈判。厂里一位老员工临时有事提醒他，便穿着一身油污的工作服找他。当时会客室的门开着，他就站在门口，不敲门直接大声说道：“大哥，兄弟们都等着你呢，你怎么忘了？”

见到此等情景，客商当即结束商谈，失望地走了。事后多方打听，兄弟俩人才知道被拒绝的原因：那位客户认为他们这家公司太缺乏职业素养了。兄弟俩组织开会总结反省，老大宣布道："以后谁再叫大哥、二哥，见到一次罚一百。"众人沉默了一会儿，老大不放心地问："兄弟们，都听清楚了吗？"

这个故事虽是笑话，却对企业管理者有两点警示：其一，一个企业不该建设得像家庭一样；其二，当公司上下受某种不良环境影响固化出某种行为后，要纠正是很难的。警示同时也是启发，要纠正不好的行为习惯，也只能从改变环境开始。而且，由于积重难返，这种改变不可能是一蹴而就的全面改变，只能是从局部甚至从一点一滴改变。所以，选对要改变的部分或点滴格外重要。这就要求管理者以身作则，充分利用榜样的作用。

某机械制造厂的老板考虑到长远发展，认为员工有必要早起锻炼，于是明文提出这个要求。可有些员工认为这没有必要，几个部门和车间经理也持同样意见，所以，总有一部分人以没有时间为由消极抵抗。后来，这位老板自己也参加早操，并按月评比参加早操组和不参加早操组的表现。前两个月两个组的表现没有什么差异，第三个月，参加早操组的工作成绩开始超过不参加早操组，越到后面，成绩差距越大。这个结果动摇了那些不参加早操的员工，最后，员工们都积极参加锻炼，没有一个偷懒的。

这位老板点燃了可以燎原的星星之火。我们还可以仿照着为上面那家“兄弟公司”出个主意：让“二哥”当众改口，并时刻注意喊“大哥”为“总经理”，谁最先改口就予以奖励。

公司的制度与文化是软环境，可这软环境并不像音乐一样具有疏而不漏的渗透力。一家公司的制度，并不是所有员工都能理解的，新来的员工尤其难以理解。因为在进入正规的职场之前，新人或者是在学校，或者是在家里，其饮食、穿着、言谈和消遣方式都没有太多限制，比较自由散漫。当他们初次接触到上班时间严禁吃零食、严禁浏览网页、严禁大声说话一类的禁令时，很自然会觉得它们太过分了。然而，这些禁令是对一个社会人的基本要求。所以，在制度建设上，有些员工很自觉，不令而行，有些员工需要反复提醒，有些员工则需要强迫。总的来说，员工的职业化是一个领导者必须重视的过程。

同样地，一个是管理者以身作则，一个是公司员工自觉遵守规定，两者都有助于促进新员工适应公司环境。

强制一日一清和工作面整洁

工作与生活最大的不同在于计划性。如果缺少规划和准备，生活中就总是发生大大小小的意外，结果弄得事情一团糟。现代人绝大多数已经开始规划生活了，所以，生活越来越像工作一样有条不紊。但无论如何，工作还是应比生活更严谨，工作计划更为详细，甚至需要一天一计划，一天一清理。

有计划并不是难事，难的是以“天”为计划推进的时间单位。海尔集团有一个规定，每一位员工必须当天完成当天的工作，并在下班时进行总结，争取较前一天有所提高。这就是海尔“日事日毕，日清日高”的制度。最初，为贯彻这一规定，每位员工都被要求把每天的任务和完成情况记在“日清卡”上，还要交给班长审查，班长审查完再交给车间主任。现在，海尔人已经习惯这项制度，养成日清日高的工作习惯。世华集团也有类似的制度，名为“班末检查”。每天晨会时，员工被要求定好当天的目标；下班前半个小时召开“夕会”，员工要主动报告当天的工作进展。没有完成任务的员工会受到俯卧撑、爬楼梯等各种小惩罚。

沾染上拖延的人会因为懒惰而渐渐丧失斗志，变得头脑迟钝，行动迟缓，总是被时间远远地甩在后面，不得不每日面对一些无从下手的老问题。习惯拖延的人总是认为时间很充足，就算今天无法完成，明天也可以。此时，要么选择从头开始，这就意味着之前的目标和计划全都失效了；要么选择胡乱应付了事，而这种敷衍的态度不会让拖延的人取得任何成功。当手上积攒的事情越来越多时，整个人就会烦躁起来，没有耐心完成所有的事。

日报日查制度对爱拖延的员工有特别的督促效果。每天开晨会，定下当天的目标，下班前半个小时再开会，汇报各自的工作进度。同时，把监督的力量发挥到最大，自己监督不如他人监督，一人监督不如多人监督。

对所有员工来说，一日一清其实是对大计划的分解和落实，由于小目标容易完成，所以有助于做出成绩、增加自信。对管理者来说，好处是管理者通过一日一清知道员工每天都干了什么，工作进度和遇到的问题尽在把握。当员工养成一日一清的习惯后，这一习惯意味着较高的工作效率，进而意味着公司盈利的增加。

人天生有惰性，一日一清的习惯固然非常好，但开始只能是强制员工执行。考虑到员工的心理情绪，应像世华那样让他们在一天工作之初自己制订日计划，特别是允许他们制订领导看来轻而易举的计划。目的是让他们在下班前收获完成目标的喜悦，并长此以往养成一日一清的习惯。如果出现好的典型，就要发挥其带头作用，让先进带动后进。不用担心员工总是敷衍了事，追求上进的员工终是多数，而他们对比较懒惰的人来说是一种隐性刺激，后者迟早会被前者带动起来。特别是当惯于敷衍的人养成一日一清的习惯并发现自己今非昔比时，一定会感激公司当初对他的强制。

一日一清是对员工动态工作的要求，对员工的静态工作即所需材料、工具和工作台面，也该要求时常进行整理。而且，工作用具和工作台面（以下简称工作面）是工作的起点，直接影响着员工的心情。如果员工没有好的心情，再好的工作习惯也可能无法养成。所以，保持工作面整洁的习惯，应放在日清习惯之前帮员工养成。

工作用具和材料码得整整齐齐，工作台面整理得干干净净，首先让人赏心悦目。工作是一系列有序的加工活动，要求每一步都要到位，而工作面的整理是第一步，所以这一步也在一定程度上反映员工的工作能力。

同样地，对于没有保持工作面整洁习惯的员工，一开始也要强制他们按照管理者满意的要求整理。具体来说，员工开始新一天的工作之前，要确保工作面上的东西都是当天会用到的，多余的应全部归到看不见的角落。甚至这个要求可以严格到指向下一步而非一天的工作，因为工作面上的东西越少，越有利于好心情的维持。把暂时用不到的东西整齐摆放在台面之下，用哪个取哪个，能给员工一种工作有条不紊的成就感。

两种好习惯的共同之处都在于执行初期需要强制实行，有人会怀疑这是对员工自由的侵犯，会影响员工的工作心情，与改善心情的初衷背道而驰。这种担心是多余的。从道理上讲，行动与心情的影响关系是互逆的而非单向的，心情的改变会影响行动，行动的改变也可以影响心情。从实际上讲，员工受到这种强加的帮助并尝到甜头后，对当初强求他的人只有感激没有怨恨；如果员工抱有怨恨，或者尝到甜头后还是拒绝这个习惯，那他的去留就值得商榷了，因为没有整洁工作面和日清计划的员工，工作效率很可能是低下的。

营造愉快环境的方法

按照合同，公司给员工发工资，员工应该积极努力为公司工作。员工在合同上签字，并不代表他对这种价值互换的合理性没有想法。员工认为自己的价值已经超出了所拿到的工资，这时他们一般有跳槽和要求升职加薪两条路；如果感觉自己的劳动配不上那份薪水，一般人顶多会愧疚，但不会主动请辞。

只说前一种情况，员工内心对工资的不满越小，老板越难察觉到，但人才流失的风险毕竟存在，如何解决呢？回答是营造快乐的工作环境，以此弥补员工内心的失落。也就是说，领导与员工之间的关系，不但需要劳动报酬来维系，需要领导用感情投入来巩固。

这方面的投入已经得到广泛认可。米勒曾在《美国精神》一书中说："人的创造力是公司成功的决定因素，为员工创造良好的工作环境，使每个人都能最大限度地发挥自己的聪明才智，是经理的首要任务。"被东芝公司员工尊为神一样人物的土光敏夫认为，为员工提供良好的工作环境是管理者最重要的责任。根据这种想法，他在公司实行了"自己申报"和"内部招募"相结合的人事制度。

员工认为自己在什么岗位最能发挥自己的专长，可以自己申请去那个岗位。公司招募人才时，先考虑已为公司效力的员工。此举是为了鼓励员工在公司内更换职位，而不是跳槽。

营造愉快的工作环境的方法有很多，比如肯定员工本人，关照其亲友，激发其创造灵感，日常小犒劳，不定期抛开工作欢聚一堂，及时解决矛盾等。总的来说，这些方法都是在表达对员工的尊重和重视，都是在满足他们的这种愿望。

其中，肯定员工本人是最直接的方法，因而收效也最快。关照员工的亲友，是在间接肯定员工本人，有时候效果比直接的肯定更好，因为那些瞬间非常值得回味。人渴望创造，激发员工的创造灵感，能让他们从眼前的工作压力中解脱出来。这种活动一般约束较少，因而是一种自由的表达。因为畅快所以愉快。员工如果有不算突出但又不可忽视的成就时，予以相应犒劳特别是实物奖励，颇能打动人心，而且也具有可回味性。员工聚会也有释放工作压力的效果，所以领导在这种场合最好不要谈及工作；更重要的是，这种场合对员工来说是互相增进认识的良机。坏情绪具有传染性，所以，当员工之间出现矛盾时，领导一定要及时化解，这样才能保证有一个愉快的工作环境。

按投入多少，此方法分为零成本和低成本两类。零成本的方法有：经常说“谢谢”，直接或借第三者表达赞美，会见员工家属时予以尊重，写感谢信，将赞扬的话语公布在内部平台上，经常鼓励员工等。低成本的方法有：公司聚餐，举办小型比赛，赠送某些实物，组织集体旅游，给员工过生日等。没有高成本这一类是因为，高成本的投入应当作为针对性较强的物质奖励。当然，成本高低视企业状况而定，以下事例中的做法仍属低成本。

萍水相逢广告策划有限责任公司的总经理彭萍非常重视公司的工作环境。公司的每间办公室都摆着养眼怡情的绿植，最有特色的是公司的墙壁上有一张名为“多点子排行榜”的板报。为了让员工积极、开心地工作，她鼓励每位员工为公司献计献策。每一位员工都可以把自己的广告创意提出来，所有部门领导每个月都会评审这些创意，得到认可的创意会在全公司推广，同时，提出上榜创意的员工会得到两百到两千元不等的创意奖。

萍水相逢除了普通员工，员工的家属也可以以“荣誉家属”的身份领取一定工资。当然，荣誉家属是沾了优秀员工的光，明为奖励家属，实际还是奖励员工。“荣誉员工”曾感激地说：“非常感谢萍水相逢和彭总。我们不在乎钱多钱少，关键是这笔工资能让我们感受到公司对我们的重视和关怀。”

满足员工需求，令其有归属感

归属感是指某一个体对自己从属于某一特殊群体关系的划定、认同和维系。通俗地说，归属感就是一个人想一直待在一个群体中的意愿。

每个人都需要有所归属，因为人人都害怕孤独和寂寞，融入一个群体中就可以驱除孤独寂寞，获得安全感。

可以满足这种需求的群体不止一个，家族、工作单位、某个协会、朋友圈等都是能够给人归属感的群体。然而，加入一个群体未必会获得归属感，“狂欢是一群人的孤单”这句流行语就是群处却没有归属感的写照。何以如此呢？一个人群处而孤单可能是群体本身有问题，比如公司规定不人性化。但是，群体的基本单位是人，群体的制度或规则也是由人制订的，所有问题最后都归结到人的问题。

人的首要问题是态度问题。公司要使员工有归属感，领导要做到对员工足够的重视和尊重，因为这样会让员工觉得自己在集体中是重要的，而不是可有可无的。重视和尊重员工的前提是了解他们的需求，了解需求才能在行为上投其所好对症下药。这就从态度问题转到了行为问题；态度要靠行为落实，满足员工的需求，是其归属感的有力保障。

人的需求有许多种，分为基本的和高级的，生理的和情感的。显然，被尊重和归属感是一种高级的、情感上的需求。然而，万丈高楼平地起，高级需求离开基本需求就无从谈起，况且高级需求很难满足，而持续地满足基本需求，在一定程度上也是对高级需求的满足。

国外流行一种员工帮助计划（Employee Assistance Programs，简称EAP），该计划其实是公司给员工的一种物质和精神上的福利，既能满足员工的一些基本需求，又能满足心理咨询、诊断、培训、指导等一系列社会性需求。它能够有效化解员工的负面心理和情绪，使员工对公司产生较强且持久的归属感。

EAP包括个人生活、工作问题和公司发展三方面的内容。员工的具体问题几乎都包含在这三个方面里了，可以说，一家真正落实了EAP的公司相当于员工自己的家庭。比如说，员工如果遇到健康、人际、家庭、经济、情感等个人生活方面问题，可以向所在公司的EAP人员求助；员工对工作的要求、工作的压力、对公司发展的意见，也都可以向EAP倾诉。

小公司没有条件建立EAP，但可以设立一个小型EAP（如心理咨询部门）来满足员工的部分心理需求，比如设置一个放松室、发泄室、茶室等。若公司实在没有条件，像上面说的那样满足员工的身体健康等基本需求，也有助于提升员工的归属感。

无论满足员工哪种层次的需求，都贵在坚持；摇摆不定的福利让员工觉得公司无法稳定运营，公司也难逃人员流失的危险。

满足了员工的需求，员工对公司就会有归属感，也会充满干劲，发挥出创造力。归属感是员工愿意为公司出力的基础和前提，也是员工提高工作效率的前提和保障。

一位木匠想跳槽到另一家装修公司，来找老板辞工。老板平日很忙，疏于打理自己与员工的关系；与员工接触时又习惯严格相待。但他心里知道这位木匠是一位技术过硬的好员工，每次交工后顾客的好评便是明证。老板的收入有相当份额是这位员工带来的，他自然心怀感激，所以感到非常可惜。他先是苦劝木匠留下，说“涨工资什么的好商量”“我其实是心软嘴笨”等。这些话其实已经非常打动人心了，但木匠很坚决，老板最后只好说：“离开之前，你能不能再装修一栋房子，作为你在我公司的最后一份手艺，我会高额回报的。”

木匠答应了这个要求，却没了以前工作的心思，既偷工减料，对产品也没有高要求。

装修好以后，老板把这栋房子的钥匙交给木匠并告诉他，他可以在这栋房子里免费居住两年，也可以租出去，收入全归他。老板还说这是感谢他多年勤勤恳恳工作的礼物。木匠听了这话，既惊讶又后悔。

木匠的心态固然有问题，但作为一个管理者，故事中老板的做法更值得反思。假若他一开始就告诉木匠这份“高额回报”是什么，木匠一定会全力以赴。老板表现出来的态度不够真诚，尽管这不真诚不是有意为之而是与他的性格有关。可以推想，木匠的决绝也与这种看起来不真诚的做事风格有关：我们从故事中已经知道老板其实是个实诚人，但他说话做事的习惯使员工得到了自己不受重视的判断；如果没有为自己打拼的感觉，技艺高超的成就感也无法挽救日渐严重的失望，员工心里想的是，只要自己技术过硬，与其在一家没什么归属感的公司苦苦卖力，还不如换一家试试。

为自己干活的员工在公司里工作如同是在盖房，为公司或老板干活的员工如同是在租房。盖房是有创造性的，一个人如果创造出自认为完美的作品，他就会收获极大的成就感，继续做下去的欲望就会经久不衰。这种为自己盖房，在公司里进行创作的感觉，是有归属感的结果。

避免官僚主义的形成

领导在员工面前必须要有个人威信，这一点毋庸置疑。问题是一般领导认为威信只能通过以权压人建立，并依此展开了实践。这种实践很容易衍生出一种极坏的结果，那就是官僚主义。

壮大后的IBM是官僚主义的一个典型。

1911年，IBM公司创立于美国，经过二十多年的努力，它终于在计算机领域崛起，并迅速称霸行业。1992年，这家公司的业务范围已经极大，组织结构极其复杂。公司内部等级森严，从发言人的座位就可以看出他在公司里是什么职位；每个管理者提升都要举行隆重的新闻发布会。而且，行业大佬的地位让IBM的管理者盲目自信，客户的需求不再成为管理者所关心的，内部的权利争夺成为焦点。

官僚主义一般指脱离实际、脱离群众的领导作风。其实，有官僚主义观念的不仅有领导，也包括员工。以上定义只是从员工视角得出的，也可称之为老板主义。从老板的视角看官僚主义，它就会变成员工主义。整体来看，官僚主义表现为森严的等级制度，讲究排场、组织内部帮派林立互相疏远。

单独来说，老板主义细分为两种：一种是唯我独尊，另一种是追求享乐。前者表现为自恃有经验，在管理中搞一言堂，把员工当作纯粹的工作机器。从平民骤然发家成为老板的人在这方面表现尤为明显，他们偶尔也会高谈人才战略或企业文化，但由于没有受过专门培训，唯我独尊的思想已经根深蒂固。顾名思义，享乐主义的老板喜欢搞排场，出入必聘司机、开豪车，经常高调考察，入住酒店要求必须高级。他们把这些当成生意成功的基本配置。

员工主义也细分为两种：一种是员工本位主义，另一种是关系至上主义。本位主义的员工有极强的打工意识，工作中只求无过不求有功，做好自己分内的事来保住自己的职位，没有什么主动性。这种员工不但以此要求自己，还会这样教导新同事，在同事想出头时也会“好言相劝”，比如“听老板话，老板叫做什么就做什么，没有要求的就不要做”“木秀于林，风必摧之”“只做有文字依据的事”“做好自己分内的事就行了”“凡事都要把自己的职责想清楚”等。关系至上主义的员工不务正职，专门讨好同事和领导，整天研究公司里错综复杂的人际关系，想着怎样搞好与同事的关系，怎样让领导看好并重用自己。

官僚主义是怎样形成的？

为了提高效率而明确权责的诸多措施中，有几项容易导致官僚主义形成。它们是：组织结构太过严谨；把每个人都框死在自己的工作与权力范围内，严禁越级反映情况和发表意见；制订完善的工作手册和规章制度，并定期修正，把公司打造成一台精密的机器。总的来说，形成官僚主义的原因分为纵向和横向两种。纵向原因是管理层次过多，从底层的员工到最高领导之间，有太多的中间领导者。横向原因是设立了太多相互独立的管理部门，部门多，矛盾也就多发，久而久之部门可能会变成“帮派”，公司可能会变成“江湖”。

一个组织内部如果纵向分割太细，从最高领导那里发出的命令最后执行起来就会远远偏离预期。因为它们要经过太多层关卡，每一层的接收、理解、甄别和向下传达，其实都是一种信息弱化，甚至是走样。如果横向条块分割过细，部门间的沟通和信息交换就会出现障碍。因为各部门变成各自为营的帮派后，长期接触积累起来的矛盾就会演变成相互隔离甚至敌对的局面。后果是需要各部门配合完成的工作被耽误，甚至根本无法完成。

为了避免官僚主义的形成，根本措施是减少管理层次和裁撤冗余部门。除此之外，公司还应实行开放式管理，领导们应该来者不拒，及时欢迎下属前来沟通。工作方式和工作程序也要适时改进，不能一成不变。

切忌把公司打造成家庭

塑造组织文化，要避免“家长文化”。家长文化说的是最高领导把员工当成孩子一样对其施加命令，而且不容提问和怀疑。另一种表现是公司里的领导之间是或近或远的亲戚关系，他们权力很大，又都想自己做主。

这只是表面，根本病症在于领导权威的绝对化和各大领导的互不合作。前者把公司打造成一言堂，后者使公司止步不前。

然而，《财富》所列世界500强约40%的公司是家族企业，如杜邦、摩托罗拉、松下电器等跨国企业都是家族企业，在美国，甚至96%的公司都是家族企业。这不禁让人生疑：家族企业明显也可以做大做强，不见得都是坏的吧？

首先，家族式不等于家庭式，许多公司是家族企业这是事实，但最高领导不能以此为由把公司打造成家庭。家族式是公司成员间内在关系的特征，未必左右公司的经营；但家庭式企业就是对那些谁都可以做主，管理权限非常模糊的公司的称呼了。家庭，特别是现代的中国式家庭，最明显的特点就是权责不明。或者说，不管家族式还是家庭式企业，只要权职明确、懂得妥协、配合默契，再庞大的企业都能蓬勃发展。

其次，在家庭式企业创立之初，公司不会出现各位“家长”各自为营拒不配合的情况，但在发展的后期，几位元老就开始倚老卖老、居功自傲，无视公司的发展前景，把心思放在明争暗斗上。

有一人开了一家公司，其妻子一开始是在他的背后默默支持。公司在市场中站稳脚跟后，这个人承诺公司壮大后自己做总经理，就任命其妻子做董事长。后来，其他亲戚又进入这个团队：小叔子成了未来的销售总监，小姨子成了未来的财务经理，其他部门领导以及员工，也有或近或远的亲戚关系。创业初期比较困难，所以大家信念一致，懂得让步和团结。几年后，公司成了行业翘楚。

可是，公司业务做大之后，一些弊病开始出现：销售人员总表现得高人一等和特立独行；财务部门经常单凭己意否决副总经理批准的费用支出；员工之间开始分裂，出现许多小帮派，帮派间经常针锋相对，许多事情因此而耽误；聘请职业的管理人员或技术人员，都做不长久；最麻烦的是，现在的总经理对董事长也就是自己的妻子的工作总有不满意的地方，夫妻二人经常在公司里吵架。

诸多弊病的危害自然使公司绩效滑坡。夫妻二人决心改革，聘请了一位外企的总经理，希望公司能够实现正规化。可是，一年以后，这位总经理和核心管理层意见不合，离开了公司。原来，夫妻二人认为这位总经理提议的制度建设、文化建设根本没有用，所以不满意他在这些方面的开销。业绩考核时，几位管理者被总经理打了低分，他们就跑到董事长那里诉苦，此事成了这位总经理离职的导火索。

离开公司时，这位总经理气愤地说："我从来不知道你们有什么计划。对于我的计划，你们从来不表态，每次申请投入费用财务总监就让等一等……"

鉴于上例中的弊病，一个现代化的企业应竭力避免成为家庭式企业。

有的企业领导比较随便，把公司当成自己家一样，经常在对外的场合展现私人生活，这也会造成极坏的影响。摩托罗拉公司招新人时，面试官会故意问应试者"结婚了吗""择偶标准是什么呀"一类的个人问题。如实回答的，一般会被拒绝，侃侃而谈的肯定没戏。相反，以涉及个人隐私为由拒绝回答的，很有可能会被录取。摩托罗拉这种面试规则，就是为了在第一时间杜绝私生活外露的坏影响。

第十一章

建立并维持良好的体制

建立并维护完善的规章制度

每个人都有行动自由，都可以按照自己的意愿做事。可是，当许多人聚成一个群体从事某种共同的活动时，就不能再各自为主，那样只会冲突不断。此时，制度应运而生。

制度的一般含义是要求大家共同遵守的办事规程或行动准则。制度分为正式制度和非正式制度：前者以规范性文件也就是规章的形式呈现出来，易于辨识；后者并不明显，一般是共同目标的潜在要求。一群人只要在一起做事，就需要制度。

制度的这个定义容易使企业管理者认为制度是偏向管理层的，其实不然。制度的功能定义是实现某种功能和特定目标的社会组织一系列规范的体系。可见员工也是制度的受益者。

一片森林里住进了7只猴子，单独行动有危险，它们必须一起觅食共同分享。在每天采集食物的分配问题上，7只猴子更换了好几种方法。

第一种方法是由1只猴子决定食物如何分配，7只猴子每天轮流当这个分配者。结果大家在7天中都有1天能吃饱，因为每只猴子都在轮到自己分配的那天把大头分给自己。

后来，它们推举出一只德高望重的猴子主持分配，可是没过多久，其他同伴为了填饱自己的肚子，想尽办法讨好这位“首领”。结果，还是有猴子吃不饱，甚至吃不到。

再后来，猴子们组织了一个“食物分配委员会”，委员有3位，抽签或随机指定。但这也只是肥了那3位同伴而已，于是另外4只猴子又成立“委员评审会”，结果大家把时间浪费在互相推诿指责上，最后选择争抢，许多食物都被糟蹋了。

最后，7只猴子决定对第一种方法进行改进：每天仍由一位同伴主持食物分配，但它要自己衡量，把所有食物分成七份，一份一份地分给其他的猴子；最后一份是分配者自己的，不允许它那份最多。

为了避免自己得到的最少，每只猴子主持时都尽量做到平均分配。这个方法既避免了争执，又让大家公平地分到了食物，7只猴子一团和气，快乐地生活在这片森林里。

这则寓言提醒管理者，企业制度的第一服务对象是组织的共同目标，其次才是组织内的所有职员。出现制度偏向管理者特别是偏向最高领导者的现象，只能说是分工不同所致。管理者想拿制度说事，时刻都不能忘记自己也在制度管辖之内。

制度是庞大的行为规范体系，它在不同的方面有不同的名字，或者说一个企业的制度可以分成几大部分：生产制度、工资制度、奖惩制度等。管理者用通俗的眼光看到的企业制度，可称为管理制度。

每个参观过海尔公司的人都能明显感受到海尔员工的超高素质，这一盛名离不开海尔的科学管理制度。在海尔的厂区，所有员工被要求行走时如同过马路一样统一靠右行；下班时必须摆好座椅，否则一经发现必有惩罚；餐余垃圾必须自己清除；接送员工的班车司机迟到一分钟就要支付员工自己通勤的费用。诸如此类，不胜枚举。

制订与维护企业的制度，需要在以下几个方面加以注意。

第一，规章制度越详细越好。海尔集团的总裁张敏在各种场合都会讲到海尔对员工的十三条详细要求，它们涉及极细小的生活方面，比如上班不许打毛衣等。细节决定成败，壮举是细小行为累积的结果，所以，企业的制度应该像海尔集团的十三条规定一样，细化而不泛化。

第二，制度需要与时俱进。其实，制度的定义——制度是要求大家共同遵守的办事规程或行动准则，已经包含务求详细的要求。共同的活动是由成员的无数行动组成的，每一个可能出现矛盾冲突的行动都需要制度。由此可知，绝对完善的制度是不存在的，管理者只能不断改进和完善制度，不能妄想一劳永逸。

第三，制度的合法性、公开性和民主性。合法性说的是制度所规定的行为不能违反国家法律，否则再漂亮的制度都是无意义的；

公开性指的是规章制度对所有职员公开，没有暗箱操作；民主性指的是制度的制订或更改经过员工（代表）大会的商议。

第四，制度本身还要求执行起来公正无私。

列宁领导俄国革命期间，到办公地点时忘记带证件，偏偏遇到一个犟脾气的卫兵，此人拦住列宁，不让他进入自己的办公场所。列宁想尽办法都没有说服这名卫兵，最后只好回去拿证件，这才被放行。

这名卫兵按规定执行制度的行为是值得表扬的。

第五，规章制度对员工和管理者的要求中最重要的一条就是严明。英特尔公司的管理制度就以严明著称。无论事情大小，只要是职业行为，就都有明确的、长期不易的规范；无论是制造部门、工程部门、财务部门还是销售部门，所有人都要严守这些准则。例如，规定每天早上的考勤时间是8点整，迟到5分钟就算违规，都要受到一定的处罚。这个规定从英特尔成立开始一直延续到现在，没有一天改动过。

第六，制度必须是符合实际的。设计企业制度时，还要注意符合实际，也就是可操作性。如果脱离实际，就无法执行，不能执行的制度还不如不制定。比如，联想集团规定一切开会迟到者都要罚站，这个规定的可操作性非常高；有些高级领导即便有充分的理由迟到，也必须接受处罚。虽然脸面有损，收获的却是所有员工对制度的重视和加深员工心中制度面前人人平等的观念。联想公司的总裁柳传志曾在接受记者采访时表示，自己也被罚站过三次，他的老领导第一个“中弹”，柳传志虽然浑身冒汗，但这个规定还是被执行下来。这同时也说明制度必须严格执行，不能有例外。

第七，制度制定出来后，不能成为口号或摆设，一定要贯彻落实。具体说来就是违者必罚，但这不意味着可以粗暴执行，也不意味着可以凭借制度仗势欺人，更不意味着可以利用制度保住自己的地位。这些都有失公平，是极端的表现。

领导在决定要不要处罚员工前，先要了解事情的原委，判断员工所犯错误情节的严重性。惩罚时要依据充足，解释清楚为什么这样规定，说明自己对受处罚者未来的期望。处罚完毕，还要观察受处罚者的情绪，如果发现对方情绪低落，应耐心开导。

精简公司的组织结构

如果你是一家公司的老板，打算把产品的销售区域扩展到全国，那么，你会怎样划分自己的销售队伍？是分成华东、华南等几个大区，区下再设省级销售队伍，还是采用已有的行政区划，抑或是以几个一线城市为中心把销售部门独立出去，让他们自行管理？从管理层级的角度考虑，最合适的答案应是最后一个。因为这种安排出现的管理层最少。

当一家公司稳定并壮大后，就会进入典型的金字塔管理模式。在这种组织模式中，位于塔尖的是总经理，总经理之下设行政、财务、生产管理、销售、人力资源、采购、后勤7个部门。只不过，有的公司会出现部门职能二合一或多合一的现象，所以管理部门少于7个。公司再壮大一些，在总经理之上会出现董事长这个最高决策层，而且那些部门会细化成更多部门。在金字塔塔尖是高层决策，底层是基层执行，中间全都是管理层。

在金字塔组织模式中，管理者直接管理的人员不能超过6个，否则就容易出现漏洞，就要增加一个管理层级。管理部门一般也不宜过多，因为各部门之间的分工不可能绝对明确，部门过多容易责任切分不清，出现互相推诿扯皮的弊病。所以，管理部门一般不超过6个，只要能兼顾，越少越好。值得一提的是，在生产型企业中，一位管理者可以带6位以上员工，生产车间加管理部门也可以超过6个，但前提是能保证员工的上一级领导有绝对权限。

基层员工最大以6人为单位被1人管理，职能部门最多为6个听从总经理指挥，这一准则固然不错，但从另一方面看，这种组织模式还是有问题的。那就是中间管理层数太多以致尾大不掉的弊病。

中间管理层越少越好，最好只有1个，最多不能超过3个。管理层次过多容易形成官僚主义。另外，层级过多，信息要逐级上报汇总，容易遗漏，也容易走样，还可能延误商机，最重要的是会给员工一种最高领导高高在上、远在天边的感觉。所以，高明的企业做大之后，会把某块业务或某个部门独立出去，成立独立运营的子公司。这种处理比调整组织结构来得更好，它既给了中间管理者提升职位施展抱负的机会，也能让员工换换环境重整情绪。

进入21世纪以前，东风汽车公司一直延续计划经济时代的管理模式，组织结构是直线职能制。就是说，管理者从最高到最底层分多个层级，每一层的管理又按职能分为几个部门。1999年6月，东风公司进行了脱胎换骨式的组织结构改革。改革后公司组织结构只剩两个层级，总部是第一级单位，其他均为第二级。总部和二级单位均按职能分为若干部门，各部门间高度独立。由于组织结构得到精简，东风的管理效率有了明显提高，整个公司都恢复了青春活力。

通用电气史上最年轻的CEO杰克·韦尔奇曾主张淘汰“经理”这个称呼：“因为它意味着控制而不是帮助，意味着复杂化而不是简单化。经理的行为更像统治者而不是加速器。”没有人愿意被统治，甚至没有人愿意被管理。接受管理只是妥协的结果。既然如此，从最高领导到基层员工，中间的管理层数越少越好，管理人数也是越少越好。

总经理之上的董事会决策层虽然没有进行实际的管理，但基层员工还是会认为被他或他们“管着”。也就是说，即使管理层只有一层，员工还是感觉有两层。考虑到这一心理，也应该减少管理层数。

建立公平的晋升规则

员工在企业工作的目的，不只是挣钱养活自己，还包括实现个人价值。在公司内部，职位提升正是个人价值的一种实现。自己在一家公司的前景这些隐性利益，比工资福利等明面利益更有吸引力。道理很简单，好的前途意味着更大的平台和更多的发展机会，这能为员工带来更多的实际好处。

人人都想加薪升职，提拔谁不提拔谁就成了问题。最简便的办法就是画一条线，超过这条线则具有晋升资格。事实上几乎所有设立晋升制度的企业都是这么做的，不过更为复杂，这样的线不只一条。所以，提拔哪位员工的问题其实是以什么为依据的问题。

小王和小戴同时进入一家公司，在同一部门做同样的工作。接受第一次绩效考核后，学历更高、一向勤恳的小王没有获得加薪的机会，相比之下逊色的小戴反而得到青睐。小王反复对比了半年以来自己和小戴的差别，认定自己没有过失、从未偷懒，反而发现了小戴的不良表现。

很快，小王发现不只自己一人对考评结果有情绪，广告部的员工也认为金融部的员工的成绩有水分，一些老员工怀疑自己相比年轻员工的更低成绩是老板的决定。小王这才想起自己从未在意的与小戴的一个差别，就是小戴说话为人更亲和，而自己比较严肃，不善于拉关系。有一次两个人加班，有个问题要请示上级领导，小戴抢先拨通了领导家里的电话，却没有直接谈工作，而是谈起了“贝贝”和“QQ”。事后小王才明白，贝贝是领导儿子的小名，QQ是他家养的一只小狗的名字。

业绩考核应该以业务成绩和日常表现为衡量依据，个人的喜好或者其他原因根本不可取。此例中的领导在绩效考核上犯了因私废公的典型错误。提拔员工最重要的依据是员工以往的工作表现，不能只看成绩表，更不能以自己的喜好或亲缘关系左右考核结果。

有些企业在具体实践中，没有生硬地把晋升标准明确写进规章，甚至会在员工做好准备之前提升其职位。

在英特尔公司，许多员工获得更高职位时，并没有做好晋升的准备。前CEO安迪·葛洛夫甚至认为，是否晋升一位职员主要不看他具不具备相应的工作经验，而要看他个人的学习速度。对一个能够快速学习的人来说，更高的职位是对他最好的挑战。比如486晶片的开发计划，他就交给了当时只有27岁的盖尔辛格。此人只有一点管理经验，却有深厚的科技知识，更有一颗不断学习的心。486

晶片的成功开发证明葛洛夫没有看错人。盖尔辛格一路晋升，很快成了副总裁，负责英特尔所有的桌上产品项目。

此例是对晋升标准的灵活运用，要注意的是，提前晋升或不考核就晋升不等于因私废公。提前晋升的员工，其优秀之处肯定是有目共睹的，他的晋升必定是众望所归；如果不是如此，这种提前晋升就会非常危险，可能像上一事例一样造成人心的不服与躁动。

一般来说，管理者应不搞特殊化为某一职位设定统一的晋升标准，只要达到这个标准，谁都有资格晋升。这个标准一定要明确，最好是以某一数字形式公示出来。比如，至少要在职几个月，业绩达到多少，等等。员工的绩效与能力达到晋升标准，领导就承认这一资格，让他们公平参与竞选，领导不能凭个人好恶剥夺某人的晋升资格。

晋升考核中，员工达到标准并战胜竞争对手，就要及时提升其职位。所以及时的升职，就是在员工具备某一职位的能力时给予他这个职位。这对员工有很大的激励作用，既能让员工更努力，也能让员工更忠实于公司。相反，不能及时晋升员工是危险的，因为那样会让有才能的员工心里产生怨言。随着时间的推移，他越是不能被发觉和提拔，越有可能跳槽他处。

薪水增加和职位提升固然是一种晋升，但由于标准较少且卡得比较严，某些在其他方面身负才能的员工可能会被埋没。这就需要在正式晋升之外设置更多规则来让员工展现自己的光芒。

为此，企业可以考虑建立内部等级制度，内部等级制度类似军队中的军衔制度。具体来说，管理者把某个岗位分为几个等级，并规定晋级标准，通过笔试、操作测试、业绩审核、优秀事迹评比等方法评定员工，达到标准则颁发相应等级的证书。证书不能实行终身制，而是每年都要审核，即要定期举行考试或测试。

证书可以分为管理者证书和员工证书。顾名思义，前者是颁发给组长、主管、主任等干部的，后者是颁发给业务员、技术员等员工的。

这种活动最好搞得正式一些，比如，可以给管理者的证书分星，员工的证书分级。重点是等级和证书的名目，组织领导者可以自由选定，想激励员工的哪个方面就设立哪种名目。甚至不必与工作密切相关，奇思妙想的天赋、认真的态度、演讲辩论的技巧等都可以设为名目。

内部等级制度能刺激员工上进。与他人有差距的事实，本身就是一种激励上进的刺激。人都有上进心，但同时都有惰性，喜欢找借口拖延，而建立或常规或偏门的内部等级制度，就是把差距摆在明面上，促人上进。

内部等级的考核与审查，相比正式考核可以轻松些，甚至不必考核，只需所有员工投票即可。

考核制度要灵活而人性化

不想做将军的士兵不是好士兵，不想当领导的员工可能也不是好员工。反过来说，员工想做领导肯定是一件好事。这种需求越强烈，越能促成实际行动，而行动是做好工作的开始。所以，领导不但要包容员工对自己职位的觊觎，还要给予支持，甚至刺激他们的这种需求。

然而，怎样确定晋升标准呢？日常工作中，有表现优秀的员工，也有成绩不如人意的员工，后者可能需要降职减薪，其标准应是怎样的？这就需要建立一套完善的考核制度。

绩效考核的功用远不只作为职位升降的标准，它对于人员的任用、升降调配、培训、确定薪资、激励策略以及公司年度目标的制定，都是重要依据。建立平等竞争的工作环境，绩效考核也是关键性的一步。一套有效的业绩考核制度能够把员工的个人努力方向与企业目标紧密结合起来，能让人才和庸才都突显出来，进而有针对性地实施人才管理。公正的业绩考核，可被管理者拿来作为与员工沟通的主要工具。员工了解公司对自己的期待和评价，也以业绩考核为主要渠道。所以，业绩考核不只是人力部门的事，每一位管理者都应掌握其中的要领。

考核是绩效管理的常见工作，但是，绩效管理远不是审查员工的成绩表那么简单。绩效管理的目的是提高员工的能力，沟通、辅导、评估和控制是绩效管理的四大核心步骤。

绩效不只是成绩表上的分数和领导意见这些表面成绩，还有看不见的成绩。员工在同事当中的信誉、处理紧急事件的能力、对公司的忠诚度、沟通能力，诸如此都需要领导观察，而且对这些素质的观察和评估，要比考察其工作能力或培训成绩更重要。可以说，领导对员工的考核不是表面看到的那样定期进行的，而是从员工一进入自己门下就开始了。所以，绩效表格只是一个工具，对员工的评价与升降去留，不能只以表格成绩为依据。

总的来说，建立健全考核制度的过程中，要做到公平、合理和人性化。

业绩考核制度是公平公正的，员工才可能是业绩考核的最大赢家。禁止作弊这样的硬性规定自不必多说，员工也少有作弊者。重点是作为考核者的管理者，他在评定员工时，需要做到一碗水端平，不能因为与谁亲近就降低审查标准。为避免差别对待，可采用不记名考核，但必须有某种技术方法保证成绩公布后员工能对号入座。为了更加公平，考核应至少设两个层级，一层审核完毕交由更高层复查。最后审查一般要交给总经理来做，而且他还要综合表格成绩以外的隐性成绩。

必须承认，不同的员工有不同的智力和学习能力，做出的贡献也不尽相同。所以，在争取考核标准统一的同时，还要设定差异化标准，以满足不同员工和特殊岗位的心理需求。标准的制订既有统一又有差异，这才是真正的合理和人性化。

绩效管理是一个完整的系统，凭考核成绩进行人才升降不意味着结束，还要就绩效进行沟通和辅导，考核过后还要进行诊断，帮助员工真正提高能力。这也体现了人性化。

有考核就该相应地有评选，因为达到某一晋升标准的员工可能不止一位，他们只能通过公平竞争来获取想要的职位。评选过程必须是透明的，每一步都不能搞暗箱操作。最好采用无记名投票这一民主的推选方式，而且允许和鼓励达标员工为自己拉票。

成功晋升的员工，还要接受考核期，看他在考核期间的表现是否达到了职位要求，是否履行了拉票时做出的承诺。当然，考核达标要有奖励，不达标要有惩罚，情节严重的甚至要把他降回原级。

建立合理的薪酬体系

面试时，应试者大多会问及福利。员工在职几个月回家一次，家里人总要问一句“工资涨了没有”；年末放假，如果没有年终奖，员工可能会觉得老板抠门，甚至打算第二年另择高就。这些现实的人情，如头悬利剑一样时刻提醒企业管理者必须重视薪酬体系。

薪酬体系或薪酬制度，是公司向员工展现企业价值观的一个手段。想让员工知道怎样工作是对的好的或错的差的，与其强调一万遍，不如让员工把薪酬制度读一遍。

薪酬是一个复合概念，主要指薪水和报酬。薪水是企业支付给员工的工资，是日常性的；报酬可以是日常性的，也可以是阶段性的。季度奖金和年终奖就是一种阶段性报酬。领导给员工的福利，也是一种报酬。福利一般是非金钱形式的酬劳，过去是柴米油盐等实物，现在流行的是精品家居、房子、汽车、高档护肤品、健身卡、带薪度假、医疗保健等健康休闲类酬劳，安排员工的孩子进幼儿园等家庭类帮助也都是福利。

工资、奖金和福利，构成了一个企业的薪酬体系。

改进薪酬体系的依据是员工类型。所以，企业领导应先对全体员工进行合理分类，即把所有员工分为业务人员和非业务人员两部分。只有业务部门是直接赚钱的，而财务、人力、客服、行政等部门则属于运营成本。薪酬体系的设计，首要的是业务人员的薪酬。

工资多分为固定工资和浮动工资两部分，固定工资一般写在劳动合同里，无须多说。浮动工资一般跟随任务完成量起落，可视为绩效奖金或提成。所以，值得研究和讨论的是奖金和福利。

业务人员的薪酬有多种组合方式，其中最常见的是低底薪+高提成+阶梯式升降+季度奖金。低底薪的“低”指的是在当地本行业保底工资较低，高提成的“高”指的是在当地本行业提成比例较高。低底薪+高提成的组合最能考验业务人员的真才实干，也最能引导他们努力开发客户。如果采用高底薪+低提成的组合，就容易使业务人员坐吃老本、不思进取，业务部门也就没有活力和动力了。

对于非业务但同样是盈利单位的员工，比如工厂里的工人，其工资也可仿照业务人员的工资进行设计。就是说，初始工资不宜太高，反而可以低一点，但后期一定要上涨。随着工资的上涨，员工的心理变化是从一开始不十分满意，到越来越开心、越来越热情、越来越忠诚；相反，一开始工资就很高，虽然是吸引和留下新人的有力手段，但后期涨幅较小，员工可能会越来越失望，越来越想另谋高就。

提成的发放，应做到阶梯式升降。完成不同数额的目标，提成比例要阶梯式下降和提高。下降指的是没有完成最低目标时，完成额越少提成比例越低；提高指的是超额完成目标后，按照预先说好的比例逐级增加。举例来说，某人最低销售目标是5万，如当月不足5万，4万提成3%，3万提成2%，以此类推；如超过5万，5万提成5%，8万提成8%，以此类推。这种策略能使业务人员把目光放在提成上，而不是基本工资上。

给业务人员的季度奖金有许多方案，公司可视自己的情况而定。但要注意发放奖金的目的是最大限度地激励员工。季度奖金必须要有，不能废除：首先，同行公司都有，自己没有就会令员工失望；其次，这也是更为重要的原因，人们心里都有年度大总结、季度小总结的习惯，而总结是好是坏，总要有个标志。

一般而言，非业务人员在公司有6个月的危险期。新员工来到公司的前3个月（一般也是试用期）是新鲜感逐渐下降的过程，但至少还是有新鲜感的，所以工作比较认真。3个月后的转正意味着工资增加，这又能刺激他们一段时间。但半年过后，如果再没有其他刺激，他们很可能会开始浮躁，甚至可能会选择跳槽。基于这一规律，也应该量化和等级化非业务人员的表现，并制订考核标准，使其薪酬形式向业务人员靠拢。

非业务人员的薪酬制度，虽不能完全像业务部门一样根据明确的考核结果来设计，但为了使他们像业务人员一样积极努力地工作，还是可以尽量仿照业务部门的薪酬设计。也就是说，明确各部门各岗位的职责后，职责要求能标准化就标准化，能量化尽量量化，不能量化的至少要分出几个等级。比如说，把人事部门本月为公司招聘员工数、客服成功解决客户投诉数量作为考核指标；实在没有什么可量化的，可以把某人为部门和公司的尽心程度、创意受欢迎程度等分成几个等级，然后由众人投票决定他在第几级。

使非业务人员的薪酬与其工作表现和业绩挂钩，最能激励他们努力工作。若把他们的奖金与公司业绩挂钩，还能增进其集体意识。

在生产型企业中，为激励员工努力工作，最好实行计数工资制。因为工资制度是按劳分配原则的体现，而计数工资最能体现按劳分配原则。如果只能实行或暂行计时工资制，那也必须与资金制度配合使用。

福利的发放比工资更为复杂，有更多因素要考虑。在此，仅举出一些公司设计的“自助餐式”的福利计划，以供参考。按照自助餐式福利计划，员工可根据自己的需要在多种福利中进行选择。比方说，未婚的可以不选择儿童保健，而选择养老金；夫妻同在一家公司的，选择的福利不必相同。这充分体现了对员工的实际情况及其行动自由的尊重。

总的来说，设计薪酬体系时，一定要公平公开，这样才可能赢得员工的认同和满意。有些公司甚至让员工参与薪酬制度的设计，这有助于管理者和员工就工资达成长期共识，也利于双方建立彼此之间的信任。

薪酬制度的设定还要考虑到公司对内关系和对外竞争力。对内关系是指，薪酬应能反映出各岗位对公司整体效益的贡献。所以，确定薪酬级别时，要综合技能、能力和责任三个方面的因素。对外竞争力是指自己公司某岗位的薪酬与同行同岗位的薪酬相比有一定的竞争力，否则难以吸引新人和留住老员工。

第十二章

借企业文化凝聚员工

企业文化不能废弛

一瓶矿泉水的价格在伦敦最豪华的酒店卖可能比在一般超市贵四五倍，尽管如此，顾客还是愿意为此埋单。在这种情况下，豪华酒店给了矿泉水本身没有的价值，这就是附加值。同样的道理，如果一个公司拥有高附加值的环境，其员工的身价也会增高。故而，有良好环境的公司能够吸引更多人才，已有人才也愿意长期为它效力。

组织文化是组织环境的一个重要因素。

2001年春节前夕，威高集团已经投入资金扩建厂房，但是，一场大火使厂房设备和职工宿舍毁于一旦。事后估计损失约8000万元。前一天，公司刚给员工发了奖金和末月工资，大家正兴奋地准备回家过年。事故发生时火势滔天，一时之间根本控制不住。事故现场一片凄惨，车间周围许多员工无助地等待着，有的员工在收拾残余物品，有的在路边痛哭。但是，没有一名员工收拾东西准备逃离。第二天，相关人员开始统计员工的损失，但没有一名员工上报。公司决定先给每名员工1000元的现金红包作为补偿，但没有一名员工上前领取，一名老员工还提议让公司把这些钱拿去重建厂房。

人们不禁要问：是什么让本可跳槽的威高员工选择留下？答案恐怕只能在企业文化中寻找。我们不必去查威高的企业文化到底是什么，但至少可以肯定它有自己的文化，也可以肯定正是文化的力量凝聚着它的员工。

企业文化是企业核心理念、经验哲学、管理方式、用人机制和行为准则的总和。其实，企业领导人不必透彻研究企业文化的概念，与其坐着空谈大道理，不如亲身实践。

组织文化能够化解市场经济条件下的各种冲突矛盾，公司只需强调并建造团结友爱、公平竞争的文化即可。

组织文化能够增强员工对企业的归属感和荣誉感，从而增强企业中员工间的凝聚力。

组织文化对员工来说是一个原则性的“指南针”，能够帮助员工找到解决问题的方向，特别是在面临紧急、意外的问题时。

一位农民用海尔生产的洗衣机洗地瓜，结果洗衣机坏了。他要求海尔公司退货赔钱。海尔相关负责人本可以对此置之不理，但他们没有，而是满足了这位农民的要求，并在后来的洗衣机上标明不可以用来洗衣物以外的东西。更难能可贵的是，海尔人还研发了专门洗地瓜的机器。

海尔人能够妥善解决这个新奇而棘手的问题，是因为公司强调服务至上的文化观念。

其实，很多企业主不是不知道企业文化的重要性，但就是没有营造自己的文化。最常见的原因不外乎以下几个：人员太少不值当；创业初期工作繁忙，没有精力；熟人之间不需要企业文化。

先说最后一个原因，那是一种谬论；企业文化绝非熟人之间的处事原则和风格。家人之间也很熟，但不能说他们这个小群体有自己的文化。彼此熟识的工作人员之间也是如此。企业文化是信念、理想、哲学层面的东西，需经过深思熟虑才可能得到。前两个原因往往交叉在一起，而且都算得上情有可原。但人员少和工作繁忙并不是放弃文化建设的理由。企业创始人的经历、喜好，都在一定程度上决定了企业的文化；或者说，企业文化的雏形就是创始人的人生哲学、个人理想一类的意识形态。如果创始人在企业创立初期确定了这些东西，就可以着手把它们传递给同人了。

制度也是构成组织文化的一个重要因素，这里有必要谈谈它与文化的区别和关系。制度对行为的作用是约束，文化对行为的作用则是驱动、指导和凝聚。制度的作用是规范成员的行为，文化的作用是灌输理念、改造思想、使员工实现自我管理。建立制度的科学依据就是文化。制度是硬的，文化是软的，软力量往往比硬手段更有效果，但不能因此而偏废一门，因为制度反过来是文化得以贯彻的保证。

进行文化建设，也包括制度建设，不能忽视细节。奥克斯集团的文化就非常注重细节。奥克斯人非常注重勤俭与节约，可以说这已经成为奥克斯的一种文化。奥克斯流行一个秃头理论。道理很简单，少一根头发不会让人变成秃子，但一根一根地减少，人迟早会变成秃头。奥克斯员工就是本着这一理念精工细作的。

一次，一个海外采购团考察奥克斯公司，一位来自阿根廷的客商看到一位奥克斯工人单腿跪在地上，手伸进操作台下，用一把扫帚艰难地扫着什么。这位客商驻足观看，想看看这位工人到底在找什么。他很快看到工人扫出了一枚小小的螺丝钉，过了一会儿又有一枚。当所有的螺丝钉都找到后，这位工人把它们放进了专门存放螺丝钉的箱子里。三天后，采购团打来确认订单的电话。

组织文化绝不是一个口号，而是必须体现在每个人的细小行为上。其实，从细小行为入手是落实组织文化的最佳途径，因为只有小事是可以即时上手的，而大事总需要筹划一番，况且没有人总在干大事。

组织文化确立之后，需要把它分享给员工，更需要真正落实到日常行为上。

无须刻意进行组织文化的宣传，领导的日常言行其实就是一种宣传。不过，难关或危机是渗透企业文化的绝佳时机。危机面前员工心里大多是没有底的，领导无论做什么，其影响力和渗透力都比往常高出数倍。

组织文化务必要体现在实际行动上，否则就只是虚设，不会起到它应有的作用。这就需要领导做出表率，领导的一举一动，包括对的和错的，好的和不好的，都对员工具有示范作用。语言宣传固然不可缺少，但更重要的是以实际行动垂范。

落实组织文化，是一个长期甚至永久性的过程，所以需要有足够的耐心。之所以说它是永久性的，是因为经济形势是充满变化的，昨天确立的组织文化，明天也许就不合时宜了。当然，这种更新不是本质上的改变，只是一些细节上的修改或完善。

塑造组织的核心价值观

一件事情做得对不对、值不值，不是由别人说了算的，人们无不听从自己内心的声音。通俗地说，这个声音就是价值观，价值观就是一个人为人处世的评判与指导原则。显然，价值观是一种根本性的东西，其形成是一个漫长过程，要改变它是非常困难的。

对企业领导来说，价值观的核心在于它的凝聚力。领导与员工拥有相同的价值观，如同万众一心的飞箭，必定百发百中；又如无数抱成一团的筷子，必定百折不挠。

怎样发现员工的价值观呢？可以采用问问题的方式。这些问题必须是根本性反思式的，比如："我们在这家公司是为了什么？""我们在这里是为了谁？""我们从哪里来？""我们要去往何方？""未来成功的关键是什么？"当然，高明的领导懂得通过观察细微言行和借助个人阅历来判断员工的内心世界，发现他们的价值观。

怎样确定自己的价值观呢？同样是问问题。第一步，要尽可能多想几个已有价值，比如最高标准、诚信、博爱、认真、奉献等，然后问自己觉得哪个价值是最重要的。第二步，问自己为什么那一价值是最重要的。这一步的目的其实是彻彻底底地说服自己，否则，今天确立的价值观日后可能会动摇。第三步，重复第一步，即尽可能全面地列举出已知的价值，并在自己心中给它们排序。第四步，保留前几位重要的价值观。

以上是企业创始人主动寻找和建立企业价值观，如果在成立公司时还没有建立企业价值观，则可以与员工一起以讨论会的形式确立公司的价值观；也可以暂时不确立，与员工一起经过几年的起伏与分合之后，让价值观自己浮出水面。

领导有领导的价值观，某些有思想的员工也有自己的价值观，两者如果有冲突，该如何解决？关于是非对错的问题，价值观是不能互容的；关于价值高低的问题，一种价值观可以包容另一种。所以，领导应具备审视人物内心世界的能力，以便招聘时粗略知道应聘者的价值观，选择与自己企业价值观相容的应聘者。当员工的价值观与自己的不能互容时，领导只有两条路可走：一是使员工的价值观向自己的价值观靠拢；二是吸取他人的部分价值观，不断完善自己的价值体系，完整的价值观本就是一个体系，不是每个人都拥有完善的价值观，领导可使自己的价值观交融或包含员工的。拉拢、交融和包容都无法实现时，只能辞退那样的员工。

价值观多种多样，但不是同时拔地而起的，而是基于极少数几个衍生出来的。这极少数的几个价值观，就是核心价值观。简单来说，核心价值观是某一社会群体判断社会事务时依据的是非标准，是指企业必须拥有的终极信念。

企业的核心价值观是企业在发展中处理内外矛盾的一系列准则。企业对市场、客户、员工等的看法或态度，都属于其核心价值观范畴。惠普文化（HP Way）就有五个核心价值观：相信和尊重每一位员工、追求最好、正直诚实的道德品质、依靠团队而不是个人的力量、创新与灵活。

建立企业的价值观体系，自然要从确定核心价值观开始。企业的核心价值观也要与老板的长处相符。所以，对老板来说，树立核心价值观的前提是知道自己的长处。比如，三国里的刘备，其优势在于仁义，刘备就以仁义立本；孙权知道自己才能不足，但有用人之明，就以此治国，给臣下最充分的信任。核心价值观是企业相对性的自身绝对性，所以，它一般是不可改变的。由于核心价值观是其他价值观的基础，所以也是无可发展的。

确立核心价值观后，企业价值观要以规章条文的形式落到实处，而且领导要以身作则，发挥榜样作用。在价值观中，对与不对是根本问题和主要问题，价值高低是次要问题。当自己确立了正确的价值观以后，就不能动摇根本，哪怕遇到某位才能出众但价值观与自己相抵触的人才时，也不要更改。

用共同愿景凝聚员工

在电影《斯巴达克斯》里，镇压奴隶起义的将军让斯巴达克斯站出来认罪伏法。最后等来了所有奴隶的高呼："我是斯巴达克斯。"法不责众，这位将军只好不了了之。这位奴隶首领之所以有这么大的影响力，所有奴隶宁死也不出卖他，是因为他在他们心里树立了一个没有理由拒绝的愿景：结束奴隶生活，翻身做自己的主人。

亨利·基辛格曾说："领袖的任务就是带领人们从所在之处到达他们从未到达之处。他要做一个目光远大的决策，树立一个宏大的愿景，把这决策和愿景分享给他人，让人们知道那是多么伟大。通过布道和分享教育他人，这是成为领袖的一条捷径。"企业也可以有自己的愿景。

20世纪90年代中期，世界银行知识管理项目负责人斯蒂芬·丹宁用尽各种办法调动同事们的积极性，想把分散在组织内的知识聚集起来，可都以失败告终。有一天，他给大家讲了一则赞比亚某个小镇一名医护人员访问美国疾病控制中心网站以搜寻疟疾治疗方法的故事，并感叹道："那可是在世上最贫穷的国家赞比亚啊，况且那个小镇离首都还有600千米。我们掌握着许多知识，现在却有成千上万的人需要但用不上它们。这些知识如果能够分享给他们，我们会建造一个多么伟大的组织啊！"丹宁并没有对这则讲话抱太大希望，因为之前的专业手法都没有见效，随随便便的讲述怎么会激发同事的斗志呢。可是，大家在他讲完这个故事后都积极行动起来。

企业愿景一般解释为企业所向往的前景。在企业的信念体系中，愿景是介于信仰与追求之间的信念，类似于人们常说的理想。追求通常是短期的，愿景比它高一层；信仰通常是永恒不变的，愿景比它低一层。

企业需要愿景，而且是非常远大的、服务社会的愿景。

企业必须有愿景，是因为员工有理想。当员工在公司看不到未来时，他可能会这样向老板请辞说："老板，对不起，我打算离开公司，因为我有自己的理想。"如果员工没有看到公司的前途，可能是领导没有展现给他看，也可能有些领导还没有为公司找到自己的愿景。

确定愿景时，首先要注意目标清晰而明确。这个目标必须是几年之内就能看得见摸得着的，而不是空洞的豪言壮语。

愿景一定要伟大，最好是创造某种社会价值，比如纳税多少多少。而且愿景的方向必须是为社会创造价值，而不是满足某人的私欲。“五年以后缴税达到一个亿”，就是在为社会创造价值，而“五年后年盈利达到五个亿”这样的目标显然不如前者受欢迎。就算两种说法实质上是一样的，但还是前者更有号召力。

愿景确定以后就不能更改，完成以后才能树立下一个。愿景分为外在环境刺激产生的和组织内部有意确立的。前者是临时性的，目标一实现就没有存在的必要；后者一般是为社会做出某种杰出贡献，而奉献是没有尽头的，所以是永久性的。内生的愿景也能激发员工的斗志。

愿景只是一个遥远而巨大的苹果，必须分解为一块一块的才可实现，也就是公司的蓝图。有了蓝图之后，再交给相应的人去执行，详细的执行步骤要让他们自己规划出来。其实有了明确、远大而可期的愿景，愿景制定者就会受其督促拟订详细的实施计划。

莱西市华美园林工程有限公司成立于1995年，10年后得到长足发展，可承包园林景观绿化总体规划、绿化设计和施工、园林养护管理以及苗木和花卉生产等业务。可是，华美的董事长焦显丰开始感到迷茫，不知道华美的未来走向哪里。参加过一系列经管课程后，焦显丰为华美制定了一个伟大的愿景：10年内成为世界范围内园林绿化行业的龙头企业。

随后，他制定了三大步实施计划：到2009年，华美成为山东省园林工程第一企业；到2013年，走出山东，跻身全国百强企业；到

2015年，成为世界名企，造福社会，多做公益。

为激励员工，焦显丰又规定：谁在华美工作满3年且表现优秀，公司就帮助他解决住房问题，最优秀的员工贴补部分购车款；满6年的优秀员工可视贡献大小分得公司的股份；成立“爱心基金”，任何员工如果突发意外，都可以从中申领救济。

这一系列的措施实行不到2年，员工的工作热情发生了天翻地覆的变化，个个把公司当成自己的家一样去爱护和奉献。

这个成功案例告诉我们：愿景是团队所有成员深存于心中并刻意追求的美好愿望，是每个员工的最初、最后、最大、最持久推动力。所以，一旦确立公司愿景，一定要第一时间分享给员工。分享时要把自己说话的腔调从发号施令变成鼓舞和激励。这实质上是一个知识分享的过程，易于让人接受，唯有如此才能使员工的行为发生改变。相反，一味命令只会让员工越来越抗拒。

这个故事也教导其他企业领导，实现公司愿景应调动所有员工的工作热情。在制订详细实施计划和激励制度时，要像焦显丰一样把员工的福利与企业的发展绑在一起。

并不是每位员工的个人理想都与企业愿景志同道合，遇到这种情况，领导要找到员工的个人愿景与组织愿景的契合点，使前者向后者靠拢。

明确并分解工作目标

目标有大有小，无论大目标还是小目标，第一要做到的都是尽可能明确。设想领导给你安排任务说：“这份演讲稿精简一下，明天下班前交给我。”你能马上知道应该什么时候以及怎么完成它吗？再设想这位领导是这么说的：“把这份演讲稿精简一下，要求逻辑通顺，字数1600~1800，明天中午12：00前交给我。”相比前面那个模糊的任命，后一种说法你可以立即了解领导的要求和交工时间，当然也就知道了把它安排在哪个时间段。

由此可知，明确的目标具有极高的可操作性。不仅如此，目标越明确对员工越有吸引力。看不清的东西，人们一般是不在意的。同样是上面的例子，如果领导承诺说“任务完成得好我自有犒赏”，就不如说“任务完成得好有500块作为酬劳”来得更具诱惑力。当然，两种语境下目标的含义是不一样的，前者是任务目标，后者是奖励目标。

明确目标时，还要尽可能抓住每个人的期待，并让员工参与进来以获得满足。因为人在做自己想做的事时才最有激情和动力。

用目标带领员工前进，不能只依靠命令或规定，而应该主要依靠不时又及时的沟通和分享。目标需要宣传，但不能强令接受。如果有员工不接受，要考虑原因何在。如果是该员工与公司观念不和，那么应该跟他沟通，了解他的真实想法；更大的可能是员工没有找到自己的观念与目标的契合点，这其实是管理者的工作。若不是以上原因，就仍是目标本身的问题——不够明确。

企业的使命和共同愿景，都是非常远大的目标，此类目标也要明确，但更重要的是分解它们。如果你是一家公司的销售总监，为了激励员工完成新一年的销售额，你会怎么做？为了让大家共同努力共同前进，最好的办法是规定每个人都必须完成相应份额，团队才能得到奖励。这就把大目标分解成了小目标。

马拉松选手进行比赛时，都是以5千米为一个小目标的。初次参加马拉松比赛，还可以把这42.195千米分解成更多的路段，比如赛前考察路线，以每2.5千米为一个小目标，记住结点的标志。

分解大目标是一个非常科学的做法。目标过于远大，会给人一种遥遥无期难以实现的感觉，有可能最终让人半途而废，再不然就是逾期完成。半途而废是因为万事开头难，早期的努力没有得到回馈，即便心里给自己打气或鼓励自己，这斗志也会被那种遥遥无期的感觉磨灭。逾期是因为对自己的速度没有分寸。分解远大的目标，就把似乎不可能变成了明显可能。明显可以实现的目标，谁都会持续充满激情地付诸行动。

仍以马拉松为例，第一次参赛的人的内心独白也许是这样的：

"我从来没有坚持这么长时间，从来没有累成这样还要坚持，居然还看不到头！""跑多少了？还没到终点啊！干脆放弃吧，跑这么久已经打破我的记录了。"可见，没有分解目标的选手其实心里是没数的，对已经跑过的路程和时间都没有概念。而以5公里为一个小目标的选手则不然，他们数的不是总时间或总里程，而是在默数"1，2，3，4，5，6，7，8"八个数，数完8就冲刺。

每次数一个数，即对总目标的每次小结，都是对所付出努力的及时反馈和自我嘉奖。它既能定时给选手以力量，又能让选手知道剩下还有多少路程以及如何控制自己的速度。

在企业管理中，分解目标有同样的好处。它能使人清楚地知道自己正在做的事在最终目标中处于什么位置，有什么意义。

对员工日常小目标的管理中，还要注意防止目标置换。目标置换说的是次要目标取代了第一目标的位置。如果员工犯错时，管理者抓住错误不放，就可能使员工把"不犯错误"当成第一目标，进而导致员工墨守成规毫无创造性。

通用电气曾有一项2000万美元的投资计划，由于意外的市场变化，这项投资最后以失败告终。但是，总裁韦尔奇把设计、实施这项计划的经理提升到了更高的职位，给参与计划的其他70多位员工价值不菲的奖励。韦尔奇的管理策略就是不但奖励成功，也奖励失败。他教导管理者说："我们必须让员工明白，只要你的理由、方法是正确的，即使是失败的结果也值得鼓励。"

韦尔奇的做法能够有效避免错误的目标置换。管理者管理给员工制定的目标时，千万不要盯着下属的错误和不足不放，更不能为了彰显自己的权威而当众指出这些错误和不足。虽然这样做可以把目标更明确了一些，但容易让员工忘记“生产至上、效率第一”的目标，并误认为不犯错就万事大吉。况且在那样的环境下工作的员工，永远不会有成就感和归属感。

目标也不是越明确越好，因为可能会出现目标颤抖效应。在给绣花针引线的时候，越是精神集中，手抖得越厉害，结果越难以将线穿入针孔。这种现象在管理学中称为“目标颤抖效应”。什么样的目标容易颤抖？让人紧张、精神集中的目标。此类目标有两种，一种是非常远大的目标，以致虽然截止日期遥远，但还是赫赫在目令人认为难以实现；另一种是近在眼前迫在眉睫的小目标，它也能引起目标承担者的精神紧张。两种目标的共同特征是太过具体明确。

太具体的目标会吸引员工的全部注意力，让员工不能发散思维寻找解决问题的更多办法。但这不是说制定目标时要措辞模糊，也不是说不可制定远大目标或小目标，这只是说，所确定的那个指标最好不是一个不容更改的点。

苛求完美就是把目标锁死在某个点上，让员工不得不看到它，进而感受到它的压力。目标颤抖的原因是承担者承受了较大的心理压力，所以，能够缓解压力的办法都能防止目标颤抖现象。除了从目标本身下手，在执行过程中，管理者如果能不苛求员工百分百正确，允许他犯错，也能有效防止目标颤抖。